BERÇO VAZIO:
O Caso Pedrinho

Geraldo Tasso

BERÇO VAZIO:
O Caso Pedrinho

EDITORA RECORD
RIO DE JANEIRO • SÃO PAULO

2003

CIP-Brasil. Catalogação-na-fonte
Sindicato Nacional dos Editores de Livros, RJ.

Tasso, Geraldo, 1930-
T214b   Berço vazio: O Caso Pedrinho / Geraldo Tasso. –
Rio de Janeiro: Record, 2003.
224p.

ISBN 85-01-06710-5

1. Borges Junior, Osvaldo, 1986- – Seqüestro,
1986. 2. Seqüestro – Brasília (DF). 3. Repórteres e
reportagens. I. Título.

                            CDD – 364.154
03-0519   CDU – 343.549

Copyright © 2003 by Geraldo Tasso

Direitos exclusivos desta edição reservados pela
DISTRIBUIDORA RECORD DE SERVIÇOS DE IMPRENSA S.A.
Rua Argentina 171 – Rio de Janeiro, RJ – 20921-380 – Tel.: 2585-2000

Impresso no Brasil

ISBN 85-01-06710-5

PEDIDOS PELO REEMBOLSO POSTAL
Caixa Postal 23.052
Rio de Janeiro, RJ – 20922-970

Para Jayro e Lia. Por tudo isto

Das dores que o tempo aguça
A mais forte, eu desconfio
Ser a da mãe que soluça
Junto de um berço vazio.

NILO APARECIDA PINTO

Agarra o bebê, nele enrola a manta tangerina e começa a sair:

— Filhinho, você não vai dar um beijo na Mamãe?

A mulher estaca, pensa por segundos e, bichana, arremedando fala de neném, formando beicinho com seus polpudos lábios, toda melosa e fingida, responde à outra, deitada nua na cama:

— Não fica tristinha não, Mamãe. O Pedrinho volta já já já, viu?

Abre a porta do Quarto 10, fecha-a rápido atrás de si. Num balcão em frente, coloca o recém-nascido dentro de uma sacola, até então dobrada, e envereda pelo corredor, ocultando o rosto com o próprio pacote.

A enfermeira Justina,* que deveria estar assentada atrás daquele balcão, tinha saído para voltar logo. Nos rápidos segundos, não havia ninguém no corredor.

Lia, a mãe, largada sozinha no quarto então, para ela, imenso, sente um calafrio, uma espetada no coração. Começa a meditar sobre a vida e aquele difícil mas tão desejado nascimento.

---

*Ao longo de todo o livro, este sinal indica nome fictício. (*N. do A.*)

2

Quando Jayro Tapajós Braule Pinto e Maria Auxiliadora Rosalino Braule Pinto, funcionários públicos federais em Brasília, se casaram, embarcados em amor de grande calado e não menor respeito mútuo, religiosos praticantes, de oratórios e muitos santos em casa, doçura de pessoas, planejavam ter muitos filhos, mas, principalmente para ele, um homenzinho seria o auge da felicidade, a luz daquele lar, o dono da bola, o ferrabrás. Até no nome concordaram logo: Pedro... Pedrinho, o futuro rei da casa. Pois seu padroeiro, o bonacheirão São Pedro, não é o grão-senhor das chaves e das chuvas? E, também, aquele tão simpático personagem do sítio famoso bastante os havia encantado nas aventuras descritas por Monteiro Lobato e lidas por eles desde a primeira infância. Pois Pedrinho havera de ser. Cresceria inteligente e levado. A reinar pelo grande quintal.

Mas Deus quis mandar-lhes primeiro uma menininha. E Lia, apelido carinhoso, por todos usado — fazia esquecer o comprido nome legal e o de batismo —, foi mãe de Ana Cláudia, com tanta festa e alacridade recebida. O próximo filho seria homem, sem erro. Tentaram então de novo e, no andar de dois anos, chegava-lhes outra garota, Juliana, numa *délivrance* difícil e turbilhão de susto e angústia, pois nem chegou a sair da maternidade teve detectada má formação congênita dos grandes vasos cardíacos. Só viveu quatro dias. Frustrante sensação. Enterro.

Para se concluir quanto Lia queria agradar ao bem-amado marido, logo engravidou por vez terceira. Não chegou ao término correto. Aborto mil vezes indesejado.

Foi preciso esperar mais quatro anos pelo possível advento de Pedrinho. Entretanto nasceu foi outra mulherzinha, fofura, perfeita, recebida com todo o amor possível. Sem conta as alegrias trazidas e as por ela causadas à bem formada família. Felicidade quase completa, na casa sempre alegre e movimentada, sob o comando da criativa Lia. Mas incompleta se disse, pois faltava o Pedrinho. Em 1985 mais um ovo gorado. Já com cinco meses de gestação, segundo aborto. O Camelo Negro do Infortúnio de novo se ajoelhara diante da Casa 13, daquele conjunto do Lago Norte, na bela e modernosa capital da República.

3

A força de vontade do ainda jovem e sadio casal, mesmo dez anos após a morte de Juliana e doze da primeira e afortunada gravidez, levou-os a tentar de novo, logo em seguida, a vinda de Pedrinho.

Ficaram sabendo com grande antecedência: seria homem. Oba! Por fim, Pedrinho! Então, face a todo o ocorrido, e por aconselhamento médico, foi deliberado receber-se o bravo varão via cesariana, quando também seriam ligadas as trompas da mãe, porque ainda outra possível prenhez traria ponderável perigo à saúde de quem já sofrera tanto e até mesmo de outros possíveis nascituros. A ciência assim prescrevia.

Na data do nascimento, grande era a ufania do pai. Seus ancestrais, pela via materna, os nobres e uma vez mui numerosos índios, vivendo ao longo das duas margens do grande rio a que deram seu nome — o Tapajós —, muito místicos, acreditavam que casamentos e nascimentos estão sempre sob a égide e o comando de suas deidades e quão importante é ter filho varão.

Toda essa força da raça foi tão grande a ponto de levá-lo a decidir-se a assistir à operação e ser o primeiro a conhecer o machinho. Tudo combinado com o operador, Dr. Benedito, muito amigo da família, e seu time, Jayro, devidamente paramentado, entrou na sala de cirurgia naquela noite de 20 de janeiro de 1986.

Já se viu alguém mais inchado de conchego e volúpia? Lavado, limpo, enxuto e perfumado o pequerrucho, foi direto para os braços trêmulos do pai. Ele, a primeira coisa seguinte: beijar por duas vezes as faces da esposa ainda semi-inconsciente. Grato, gratíssimo.

E assim chegou o Pedrinho. O mil vezes desejado Pedrinho.

4

O morenaço, de pele tom de cobre polido, generosa maquiagem, um pouco demais para aquele horário, pisa decidida, com seus sapatos de desfile de moda, elevados — saltos rumando pro céu, cada vez mais emagrecendo ao chegar ao chão já em finura de dedo mindinho. Colares e medalhas de lavorado ouro. Brincos pingentes e serpentinos. Pulseiras de sensual aparência tilintando em ambos os braços. Guizos de cascavel. Berliques e berloques. Ar místico. Saia e blusa de azul lembrando bem o tom do manto da Senhora Aparecida. O pretume dos generosos cabelos beija os ombros. Rosto redondo. Porte majestático, óculos grandes e não muito escuros — lentes alaranjadas — deixando ver os olhos:

duas castanhas assadas e quentinhas. Debaixo de arqueadas sobrancelhas bem gizadas, em desenhos perfeitos. Sol em ápice, no verão do planalto. Tirando faíscas das vidraças muitas. Azáfama de gente, carros, entra-e-sai dos estacionamentos, nos por perto da grande Casa de Saúde e Maternidade Santa Lúcia. Ela pára na entrada e pergunta ao porteiro Valdomiro se é mesmo no Quarto 10 que a Maria Auxiliadora, do Banco Central, está internada. Resposta afirmativa. Prossegue sem sequer pedir licença para entrar. Na sua rotineira fiscalização, o porteiro Valdomiro constata que ela não leva nada nas mãos. Mistura-se à mole humana, pelos largos corredores. Não muito tempo após, sai, dirigindo-se ao estacionamento e, como se tivesse ido só para buscá-la em seu carro, talvez por tê-la esquecido, volta com uma bolsa dobrada, cor clara — setenta centímetros de comprimento —, e a carrega com naturalidade sob um dos braços. Reingressa na maternidade, apenas confirmando para Valdomiro que a Maria Auxiliadora estava, de fato, no Quarto 10. Pensa ele tratar-se de amiga daquela parturiente. Não dá um pio. Não tuge nem muge.

5

Lia, já possuída de aflição, mira o teto branco e continua a recordar: Pedrinho nascera à 1h30 da madrugada. Não há motivo ou superstição para notar outro 13 aí embutido. Mas ele está lá: 1h30. Como 13 é o número da casa onde sempre moraram, desde casados, como dois passarinhos, no Lago Norte, mas enfrentando adversidades nos partos. Logo após a operação, fora trazida, com a companhia do Jayro, sempre meigo, acarinhando seu rosto e alisando a testa. A queridíssima criatura ficara no berçário sob a vigilância do pediatra, nos primeiros cuidados, como de preceito. Lia, com duras dores, só cochilava alguns minutos e logo arregalava os olhos.

— Ai, ai, ai, minha Mãe do Céu!

De repente toca o telefone.

— Que campainha tão alta!

Em voz de mulher, a pergunta:

— Quem está internada neste quarto?

— Maria Auxiliadora — responde Jayro.

— Queira desculpar. Foi engano.

Ele sai do quarto e vê a enfermeira Justina colocando seu fone no gancho. A moça revela evidente mal-estar de alguém apanhado em flagrante. Dá uma desculpa sem pé nem cabeça:

— A ligação caiu aí, é?

Sendo impossível um sono contínuo, Lia, na próxima vez que acorda, como por instinto, pede ao pai que vá ao berçário ver como está o Pedrinho. Ele volta cheio de orgulho, com um sorriso:

— De ver o jeito que o danadinho chupa o polegar. Uma força louca. Um bezerro! Zebu.

É instigado por ela a voltar mais uma e mais outra vez, ao longo da noite que não se acaba. Nova cochiladinha e o sol às seis e meia já iluminara o relógio à sua cabeceira. Queria tomar um banho, afofar e modelar os bastos e louros cabelos, ficar bastante bonitinha a fim de bem receber a criança e dar-lhe boa impressão da Mamãe. Jayro sai e pede à enfermeira Justina, sentada à toa, no seu balcão em frente, para ajudar Lia no banho. Ela responde com casca e tudo:

— Não é obrigação minha.

O marido volta e carinhosamente auxilia a mulher a se banhar. Findo isso, entra um casal, ambos de jaleco branco, e procedem como sendo funcionários. Fazem as perguntas corriqueiras e saem. Ninguém jamais ouvirá falar deles.

Chega a mimosura.

— Veja, Jayro, suas unhas. Tão bem-feitinhas. Os olhinhos puxados, dos índios tapajós! E os pezinhos? Ele é inteirinho perfeito, não é?

O marido concorda e garante. Garante e jura estar tudo certíssimo. Momento de sublimação divina: a primeira vez que u'a mãe leva ao seio aquela boquinha, por onde jamais entrara alimento. Ele suga apressado — Gulosinho! Lia ouve arpejos e coral de crianças e trinar de passarinhos, tudo dentro do seu quarto, da sua vida, do seu coração. Instante de Graça. Fita sua cabecinha e passa-lhe a mão como se por cima de finíssima porcelana, perigosa de se quebrar. Casca de ovo.

Assim pelas nove horas a enfermeira Justina vem e se oferece para trocar as roupinhas da própria maternidade pelas outras, com tanto amor escolhidas, compradas e trazidas de casa. Já vai ajeitando as coisas. Lia, enciumada, hesita na autorização, pois não costuma ceder esse privilégio a ninguém desta vida: a primeira vestimenta. Mas a incisão em seu corpo, pespontada, dói, por fora e por dentro. Dói muito. Ai, ai. Acaba cedendo e logo vê Pedrinho todo faceto no conjunto de camisinhas azuis, em malha de algodão mil por mil. Cueiro pintalgado de diminutos e brejeiros peixinhos. E aquela manta de original flanela cor de moranga!

Surge o pediatra, tendo ao lado outra enfermeira, e vão professando as instruções adequadas:

— De três em três horas, dar de mamar. Se o leite não for bastante, forneça-lhe glicose na mamadeirinha.

Às dez e meia Jayro telefona para a sogra, pedindo-lhe para fazer companhia à sua filha e ao neto. Era-lhe indispensável dar uma passada pela repartição. No fundo estava louquinho para distribuir uns charutos entre os colegas. Estimado por demais no trabalho, tinha aliados na torcida para a chegada do filho varão, afinal. Iria convidar um ou dois para saírem com ele pelo comércio, atrás de um pequenino uniforme de judô para vestir no filho, o seu filho, o Pedrinho.

A orgulhosa Mamãe pede-lhe, com empenho, trazer as meninas na volta. Já sofre muita saudade das filhas e quer exibir-lhes o tão ansiado irmãozinho. Jayro concorda com tudo. Jayro Tapajós Braule Pinto, o Pai de Pedrinho! Pedro Rosalino Braule Pinto! Futuro governador de Brasília. Não! Futuro presidente da República! Do Brasil! Zil, zil.

Às onze e meia trazem-lhe naquela baixela de aço, à guisa de almoço, mera canjinha de cara feia. Quase o mesmo dos velhos tempos, quando as novas mães tomavam aquilo durante os quarenta dias de resguardo, engrossada com o passar das semanas, terminando já quase num pirão. E houvesse galinha! As mães nem cocoricó podiam ouvir, quando livres daquilo, de tão enfaradas. A meiga Lia é nascida na bela Araxá, do barro sulfuroso e das tradicionais e gostosas coisas mineiras. Araxá, em língua de nativos: o *Lugar de Onde se Vê o Sol Nascer*. Não suporta três colheradas. Há um gosto amaro na boca — efeito dos anestésicos — somado às tensões muitas, e apreensões malvadas, principalmente das derradeiras horas.

D. Otalina coloca o abençoado netinho, depois de beijos em suas mãozinhas, de novo no peito da mãe. Parece que a falta de apetite o contagiou. Mama só um bocadinho. Apesar de tão afagado e das mansas mas vãs palavras da Mãezinha para estimulá-lo. Pela avó é recolocado no bercinho, onde existe uma miniatura de carro de corrida. Vermelho Ferrari. Não, não foi o pai, desta vez, quem o colocou lá. É presente de uma mui querida amiga.

6

A mulher alta aproxima-se do berçário, já sem os óculos que afivelou na blusa, chega bem perto do vidro e examina os vários bebês, cada qual em seu ninhozinho, só com as caretas visíveis. Demora-se um pouco por ali. Conversa com um casal que também olha os pimpolhos. Pergunta se sabem quem é o filho da Maria Auxiliadora. Sabem não. Prossegue em seu andar marcial, dominador. Sem ser, de nenhuma forma, e por ninguém, interrompida ou interpelada sobre o motivo de sua visita, vai à ala das internas e nada dizendo tampouco, e nem lhe sendo perguntado coisa alguma pela enfermeira Justina, atrás de seu balcão em frente, e de seu telefone, mesmo percebendo que tal dama evitava ter seu rosto definido por ela.

Entra no Quarto 9 e depara-se com um casal. São japoneses. A mãe na cama, o pai na cabeceira, vigilante e seco. Nipônico já não é de falar muito mesmo, ainda mais com desconhecidos. Diz ser assistente social e estar fazendo uma visita de rotina. Examina a criancinha, comenta mais qualquer coisa corriqueira e dá no pé.

Sem bater na porta, embarafusta pelo Quarto 11. Pouco se demora. São negros os internos. Olha para o pelezinho. Gaba-o. Ao sair, a enfermeira Justina a tudo continua assistindo, inútil e ineficiente. Alegará depois que não conseguiu ver o rosto sem óculos. Desatenta mesmo. Desinteressada. Um vaso de barro. Sem flor. Ou não?

O esfuziante morenaço encara demoradamente a placa metálica com o número 10. Também não bate na porta e entra, confiada. Lia se esforça para relaxar músculos e nervos e recuperar-se numa madorna, pelo menos. Ao seu lado, a mãe. São animadas pela voz alegre daquela balzaquiana tão bem apresentada e envolvente. Metro e sessenta e oito, metro e setenta, fora os altos sapatos. Talvez até mais. Vai falando saber estar ali o mais belo bebê nascido nos últimos tempos.

— Avó?! mas então a senhora quer me dizer que é a avó?!! assim tão jovem. Ah! tem mais outras netas bem mais velhas?! Pois me ensine, me ensine esse segredo de juventude.

Passa a adular também a mãe. Tem olhos de mágico de circo. Giram em suas órbitas como azougue e vão dando conta de tudo, pelo ambiente. Olhos espritados. Apenas se desviam quando resvalam no fino crucifixo de chumbo, afixado sobre o leito, na parede. Ou pela lamparina acesa, aos pés de uma santinha, no criado-mudo. É uma olhadela na avó e duas na mãe. Dá a mesma desculpa: assistente social e está correndo os quartos. Já visitara os vizinhos. Aproxima-se de Pedrinho com intimidade, abaixa-lhe a gola da blusinha que em parte lhe cobre o rosto. Examina-o, acariciando-lhe o corpo todo. Diz ser mesmo muito bonito, mas surpreende ao ressalvar de inopino, que, para o gosto dela, deveria ser mais moreno. Não gosta de gente muito branca e avermelhada. Tenta, assim, fazer com que as outras mulheres baixem a guarda? Mas já as conquistara. Será que, sabendo serem muito católicas, por isso, sibilinamente, viera com blusa — e saia — da cor das vestes da Mãe do Senhor? Com ainda outras perguntas sobre o estado de saúde de mãe e filhinho e bajulando ainda mais um pouco, pede licença e vai-se embora.

Acabada de sair, D. Otalina comenta com a filha tratar-se de uma pessoa muito gentil e bonita. Elegante.

— Viu que jóias? Que correntes e pulseiras de ouro? e as medalhas? Tão boazinha, não é?

Lia concorda, sem muito entusiasmo. Está ainda semi-embriagada, mas tímidos relâmpagos azulados vez em quando repetem coleios em seu coração. Dúvida?! Mal-estar. Talvez porque, mesmo simploriamente — pensa —, aquela mulher desmerecera um pouco a cor do seu menininho. Bobona. Ele é lindo lindo. Sente-se despencar num sono, profundo só por segundos.

7

Dorme, acorda, dorme, acorda, mas nem por meia hora. O Demônio-em-figura-de-mulher reingressa em duros pisos, apóia-se sobre a pezeira da cama e com voz de quartel determina que dali a pouco mãe e filho serão submetidos a exames médicos. Foi como se lhe dessem um rodopio. Cabeça em confusão. Visualiza a morta filha Juliana e roga a Deus que não se repita agora uma doença como aquela. Em perigo o Pedrinho?! Risco grave?! A alta moça, novamente às claras evitando o crucifixo, entorna água nas brasas por ela aviventadas:

— Nada disso. Normas da clínica. Mas tem de fazer.

Lia resolve e reage, em desconformidade com a exigência:

— Mas exame de quê? exame pra quê? Qual médico está pedindo isso?

Seus olhos súplices voltam-se para a imagem de Nossa Senhora Aparecida, com o belo manto azul. A diminuta chama da lamparina parece mais se intensificar e acentuar seu ouro. Começa a odiar aquela raça de víboras, mandona, quem retruca, em astúcias do seu pensamento, noutro odioso crime da inteligência:

— Nonada, burocracia. Já examinanos outros recém-nascidos e estão todos de alta. Quanto a você, é praxe pós-operatória.

Muda de assunto e bate na parte que já constatou mais fraca, sorrindo e elogiando de novo a avó, em pé, na cabeceira.

— Como mãe, a senhora pode facilitar as coisas. Vamos tirar a roupa dela e levá-la para o banheiro.

— Pra quê?

— Pois não querem abreviar as coisas? Ela tem que expelir todo o líquido que está em sua bexiga. Assim vai facilitar o exame. Vamos, vamos levá-la para o vaso sanitário. Sem nada no corpo.

A avó, com tamanha insídia enganada, bota a filha nua, e, com o suporte dos braços fortes da cor de jambo, vão levando-a. A sedizente funcionária do hospital e maternidade fala que vai se valer de um segredinho que ensina para as outras duas. Abre o chuveiro e deixa a água cair farta.

— O ruído contagia o paciente que bambeia a bexiga e chuvisca também. Não sobra uma gota de urina. Já não sabiam que se usa isso com crianças? Até com cães e gatos que tenham algum problema? Uma simpatia infalível.

Por certo prevenia-se aquela filha de Lúcifer para eventual entrada de enfermeira e até de médico. Ouvindo o barulho, calculariam estar a paciente a tomar banho e voltariam depois. Porém Lia sente tonturas na incômoda posição na privada. Quer retornar ao leito. A ratazana não deixa. Fala que logo, logo chegariam as enfermeiras e o exame seria rápido e ela estaria livre. Diz precisar sair um pouquinho, não irá demorar e não deixassem o banheiro. Esperassem por ela. Lia está agoniada. A mulher sai balançando suas sedutoras ancas, mas nem mãe, nem avó já a estão achando bonita, nem simpática, como antes acharam.

As tonturas e a ansiedade para rever Pedrinho aumentam a ponto de resolverem desobedecer às ordens e voltar para o quarto. Com olhar de galinha choca, e perdidamente ansiosa, Lia a primeira coisa que faz é procurar o seu Pedrinho. A criaturinha de Deus sonha, plácida e silente. Certamente com coisas do futuro, pois como já poderia ter coisas do passado para com elas sonhar? Mas, apesar daquele primeiro alívio, ambas percebem maus fluidos por ali. Não sabem explicar o peso nem a origem daquelas péssimas vibrações. Sentem-se pior ainda quando a empertigada sátira retorna, deixa imperceptivelmente a grande sacola horizontal dobrada numa cadeira bem na entrada, e não pode esconder sua contrariedade pela insubordinação. Pois ainda deviam estar era no banheiro. Seu nervosismo é clamoroso. Dissimula quanto pode, e conta que estivera na Unidade de Patologia e tinha boa notícia. Havia ali um presente para a Maria Auxiliadora. Um pacote. Seria de todo conveniente que D. Otalina fosse buscá-lo logo, antes que se extraviasse.

— Seriam flores?

— Não. É coisa maior e mais importante. Vá lá ver. Logo, logo.

Tal Unidade, a quase duzentos metros daquele quarto, em longa caminhada pelo corredor cheio de muito povo, vacilante e moroso.

As duas ficam sozinhas, depois da concordância e até estímulo de Lia para sua mãe ir solver o mistério. A funcionária do Banco Central, mesmo debaixo daquela pressão moral toda, e efeitos dos medicamentos da anestesia, ainda tem cabeça para perceber quão ilógico é ter alguém deixado qualquer encomenda para ela na Unidade de Patologia. — Patologia não é mesmo coisa de exames em doentes? Então, ó minha Nossa Senhora, o Pedrinho não está bem mesmo! Está muito doente! A assistente social quis poupar a avó da má notícia e dirá só para mim. São Pedro, ajude-o. Salve seu afilhadinho.

Alguma pouca de conversa trivial. A morenona diz ser de Belém do Pará. Na verdade, Lia já notara não ter ela o sotaque nordestino tão ouvido na Capital do Brasil, ainda em virtude dos aventureiros candangos, seus humildes mas dedicados construtores, maioria vinda daquela região. Sua figura, de fato, encaixa-se com a de uma paraense que, nervosa, abre a porta do quarto seguidas vezes, olha para o corredor, fecha de novo, torna a abrir, procura ocultar seu rosto, o que é detectado pela enfermeira Justina mas não por Lia, a qual, apesar disso, implica com a figura, chega a odiá-la por querer levar o seu filho, pois ela, após leituras e leituras das horas e minutos no artístico relógio de pulso, exclama:

— É. Não dá mesmo para esperar mais. Vou levar o bebê para o berçário, onde será mais seguro ter atendimento pronto. Você continua aguardando.

Sem esperar qualquer manifestação de Lia, toma do telefone ao lado da cama, disca quatro algarismos e fala, com a mesma voz comandante:

— Podem vir. Está tudo pronto.

Lia sente mais calafrios, a ponto de se arrepiarem os louros pêlos de seus braços. Ainda por cima, continua despida naquela cama. Com a moral mais arrasada por isso. Velha técnica de policiais e de bandidos especialistas. De traquejados torturadores. Sem capacidade de reação. Não poderia sequer levantar-se, correr à porta e pedir socorro. Depois, um inexplicável torpor a imobilizá-la, como parafusada em algum ferro da cama. — Ah! meu São Pedro, valei-me. Proteja o meu Pedrinho. O nosso Pedrinho. — Mas só pensou, pois ao ver o querubim enrolado na manta cor de tangerina apenas conseguiu suplicar, sentidinha de um tudo:

— Filhinho, você não vai dar um beijo na Mamãe?

A cegonha às avessas, em vez de trazer, levou o bebê no bico.

8

Terminam as exatas únicas treze horas da permanência do bebê Pedrinho com a mãe. De novo o número 13. A estranha mulher aproxima a sacola do rosto, seja para esconder-se, seja para ninar o bebê. Num sanitário feminino a bruxa, em correria, põe a sacola no chão e, diante do espelho, empunha com as duas mãos os cabelos e faz um coque, prendendo-os acima da cabeça. Coloca e bem ajeita os óculos de sol. Continua, de novo, rumo à saída, rápida como um leopardo. A única coisa vista, e bem guardada por testemunhas, é uma tarja escura, ao redor de toda a sacola, e a grife em bojudas letras pretas: ***Só Bolsas***.

Um carro negro e grande, motor ligado, os espera numa das saídas. Entram, Seqüestradora e recém-nascido, por uma porta de trás. Também são traseiros os pneus que, patinhando, soltam tufos de fumo azulado. E era uma vez o Pedrinho.

9

Lia estremece seguidamente. Frio. Mas frio no coração. Ainda despida sobre a cama, para ela já dura e espinhenta. *Miserere*. Vágado.

— Mamãe, volta logo, pelo amor de Deus! Ai, minha Santa!

Olha para o berço vazio. Uma cisterna. Cratera. Poço sem fundo. As lágrimas vão confundindo as imagens. O aperto na alma, tenazes em mãos de Golias. Entra em pranto convulso quando divisa o raso, e mais só simbólico, travesseirinho. Ali sintetizada, a presença enorme da ausência de Pedrinho.

D. Otalina zanza pelos corredores, salas, balcões de informações, portarias. Na Unidade de Patologia até fazem pouco-caso dela. Como se caduca, desmiolada, zamberê.

— Pois ali era lugar para se deixar encomenda?! Flores?! que é isso? aqui não guardamos flores. Nem pacotes. Não não senhora.

Prossegue no malogro, a bracejar como afogada, sentindo-se sem jeito, envergonhada para pedir socorro, mas percebendo quase com certeza de covarde picardia ter sido vítima. Arrasta-se pálida, de volta para o Quarto 10. Vê sua filha em estado parecido. Mostra-lhe as mãos vazias. Adivinha-se também o vazio de seu coração. Com o olhar vasculha o quarto todo. Só assinala a máquina fotográfica, trazida para as primeiras fotos da criança mas nem nunca ali usada. Aflita, mergulha os olhos no berço. Ninguém. Zero. Vazio. A primeira contundente dor na caixa do coração. Visão de noite escurecendo. Braço esquerdo formigueiro vivo. Impressão das duas é de incredulidade. Não, aquilo não poderia estar acontecendo com elas. Não é verdade. É pesadelo.

— Lia, cadê o Pedrinho?

Responde, dizendo ali não estar, peremptória mas sem emitir um só som, aquela garganta escancarada, imensa, oca: o berço vazio.

10

Ainda alguns minutos, de comprimento seculares, nada acontece. A muito custo surge alguém: o tio Arnaldo e tia Ida, irradiando felicidade. Nas mãos dela, um parzinho de chuteiras metálicas e belimbimbim, de se dependurar em caminhas de neném. Ouvem, surpresos, o relato da retirada de Pedrinho pela misteriosa mulher. O médico e amigo da família, de toda uma vida, Dr. Benedito Fernandes Pinto chega a tempo de ouvir o final do relatório e tomar conhecimento da aflição. Cenho fechado, afirma ter Pedrinho nascido com ótima saúde e muito bem.

— Que história é esta de exames nele?

Deixa o aposento e sai veloz, não se demorando a retornar, para inquirir quem, afinal de contas, levara o menino. Quer saber de tudo, apressado. Pergunta aqui, pergunta ali. Em pipocos de pólvora negra, a notícia contagiante passa a espoucar pelo hospital e maternidade:

— Sumiu um bebê. Roubaram um recém-nascido.

Logo depois, o Dr. Benedito dá um jeito de mandar chamar os tios a outra sala desocupada, e com eles combina como amainar o choque da notícia verdadeira, à mãe. Já haviam tirado D. Otalina do Quarto 10, para medir-lhe a pressão e medicá-la em outra dependência. Vislumbravam ameaça de infarto ou de derrame cerebral. Muito perigo. Deliberam inventar para Lia, em justificada inverdade, estar havendo um andaço de hepatite entre os bebês e, pois, necessário separá-los em outros aposentos que não aqueles quartos nem o berçário.

Lia tão aflita quando percebeu nos olhos dos tios algo de muito mas muito grave. Suplicou explicação. Tio Arnaldo mal escondendo as lágrimas atrás dos óculos, reticente:

— Minha sobrinha, nada que não possa logo ser resolvido. Deixe por nossa conta. Relaxe.

Aquela pobre mãe sente falta de uma amiga mais íntima, para, à moda mineira, encostar a cabecinha em seu ombro e chorar. Clama por Néia, irmã bem-amada. Lamenta a ausência dela. Pede que a chamem, embora sabendo dos problemas que a mantêm distante.

Chega uma enfermeira para lhe pespegar uma injeção com pesado sedativo e indutor do sono. Pára-choque para a trombada que mais cedo ou mais tarde ocorrerá. Pergunta o porquê daquilo. A carrancuda resposta é lacônica e peremptória:

— São ordens.

11

Jayro, em casa, recebe a chamada telefônica da maternidade, com o recado para dirigir-se urgentemente para lá. Primeiro imagina ter Lia piorado. Alguma conseqüência da operação. Salto felino para dentro do Chevette vermelho, estacionado em frente de sua Casa 13. As filhas atrás. No meio do Eixão, a toda velocidade, mesmo um pouco até além da legalmente permitida e já alta, vai tendo outra de suas premonições. Jayro é de temperamento um tanto acanhado. Mas se relaciona bem, sem exageros nem muita intimidade, com todos. Calmo, muito calmo. Inteligente. Esportista e ao mesmo tempo muito estudioso, sempre vencendo concursos públicos. Entretanto, desde menino, costuma sonhar com fatos que, em verdade, logo ou pouco tempo depois, acontecem. Mormente coisa ruim. Até acordado lhe ocorre isso, vez em quando. Como que uma voz no ouvido esquerdo. Agora, por exemplo: sem que pessoa nenhuma, ainda levemente, lhe tenha dito ou insinuado coisa alguma ou fatos anteriores justificassem tal certeza, tem um pensamento terrível. Bem, salvo... salvo... será? aqueles dois telefonemas, noites atrás, um seguido do outro... um homem, tão logo informado de quem atendia, apenas falava: — Engano

— e desligava. E as enfermeiras, no balcão de atendimento em frente ao Quarto 10, inclusive Justina, contavam de várias chamadas telefônicas, de pessoas não identificadas, perguntando sobre uma tal Maria do Banco Central, que ali havia se internado. Jayro pisa mais ainda no acelerador. Adentra a Avenida W3 que lhe parece ter cem semáforos — todos no vermelho —, entre as Quadras 708 e 716, já no longo trajeto. Numa das esperas, triste e desesperado, exclama alto, para si mesmo:

— Seqüestraram o meu filho!

12

O Quarto 10 começa a virar mercado de peixe. Tchau regulamentos e respeito humano. É um tal de especular, de gritar, de dar ordens, de não acatar ordens. Até se esquecem de Lia, que de tão atordoada nem pode mesmo compreender a situação. Funcionários meramente curiosos se misturam com os, na verdade, encarregados e responsáveis. E a imprensa ainda nada descobriu, hein? Outrossim, pelo gigantesco nosocômio, todos já informados. Doentes se arrastam para chegar à porta de seus quartos e espiar o corredor. De repente, a ordem, partida nunca se saberá de quem, para esvaziar completamente o apartamento. Feito isso, chega uma equipe de limpeza. Dentre outras coisas, aqueles homens esfregam até com flanelas, todas as maçanetas — o próprio telefone. Copo então não escapa um. Amolam Lia para trocar as roupas da cama, entrouxadas com as toalhas e tapete do banheiro. Chegam ao extremo de esfregar o chão com pano molhado. Nenhum vestígio, nenhuma impressão digital, nenhuma pegada para se vislumbrarem sinais de sapatos ou pés descalços. Lia não tem coragem nem de abrir os olhos. Quer até parar de pensar. Quer morrer.

13

À entrada, Jayro vai chegando com as filhas. Aqueles tios e o obstetra Dr. Benedito o aguardam, numa sem-gracice só. Respondem às suas aflitas primeiras perguntas sobre o estado de saúde de Lia. Querem amaciar-lhe a verdade e dizem que ela está bem. Ziguezagueiam versões. Ele pega a coisa no ar:

— Vamos à realidade. Não existe nenhuma epidemia de hepatite nem de outra doença. Meu filho foi é seqüestrado.

Corre para o Quarto 10. Lia ainda não compreende por que o marido a abraça com tanta força enquanto procura represar sua emoção. De repente soluça fundo. Seu corpo se sacode. Beija a mulher. E beija mais. Uma lágrima escorrega, vagarosa, de seu olho direito. Ele a enxuga, no afã de escondê-la, com as costas da mão fechada.

Até hoje ela não sabe quem lhe deu a terrível confirmação. A notícia. Foi tudo e foram todos. E não foi ninguém. Em seu espírito a tragédia paulatinamente se delineou. Falou por si própria. Soturna e insidiosa.

A enfermeira Justina chama o pai e outros parentes ao seu balcão e lhes conta que desconfia de uma mulher da Embaixada do Gabão. Corpo e andar muito parecido com o da Seqüestradora, mas da qual sempre insiste em não ter visto o rosto, por inteiro, já sublinhando: nem com nem sem óculos. Contudo, em verdade, gente daquela embaixada, por mais de uma vez já andara com recém-nascidos por ali, garante. Razões muitas, para desconfiança. Lembra-se do nome: Ondina.*

Jayro, louco por ação, imediatamente se decide a ir àquela embaixada. Descobrem o endereço. Dr. José Leal, diretor-presidente do nosocômio, faz questão e vai junto. Como D. Otalina tivera a pressão controlada — mesmo que só a poder de injeções — e era a única, além de Lia, a ter conhecido a bandida em pessoa, de pertinho, tinham mesmo de levá-la também. Situa-se a Embaixada do Gabão no final de uma rua do Lago Sul, na chamada ponta-de-picolé, parte mais nobre do denominado *conjunto*. Dali não há outra saída senão retornar-se à *quadra* número tal, dos estranhos endereços de Brasília, que terminam com *casa* ou *lote* deste ou daquele número.

Um mundão de automóveis estaciona na pracinha em frente. Descem todos e ficam diante das fortes e altíssimas grades de ferro. No topo do mastro, a bandeira, pelo vento, está quase completamente enrolada e um tanto molhada pela chuva caída horas antes. Porém ainda dá para identificar quase todas as mesmas cores da brasileira: azul, verde e amarelo.

Nesses momentos sempre há algum sabichão, enxerido e exibido. Materializa-se como vindo do Além. O nosso começa a explicar:

— O Gabão primeiramente foi colonizado pelos portugueses. O nome vem da forma de seu mapa, delineada pelo rio Como, lembrando um casacão de largas mangas e capuz, como o usado pelos pescadores do Algarve. Sua língua oficial é o francês, mas muitos usam o idioma bantu e outros africanos. Ali moram os pigmeus, com seus estranhos fetiches e singularidades. Toda a gente é dada a rituais e misteriosas religiões, cheias de máscaras e ervas queimadas. Incenso forte. Machetes e facas imensas.

Jayro sente arrepios ouvindo essa parte, de toda a sinistra descrição:

— Será que o levaram pra sacrifício em prática de magia negra?

Agarra-se ao frio ferro das grades. Tenta balançá-las. Debalde. Aço puro. Toca o intercomunicador.

Continua o sujeitinho:

— A população é pouca, mas a grana é muita. Cerca de um milhão e duzentos mil habitantes. Exportam diamante e urânio, entre outras preciosidades.

No próprio e grande jardim, tufos de bananeiras diferentes, enormes, mais copadas e de verde mais intenso. Corre, nos fundos, de uma casinha para outra, um homem escuro, sem camisa. Tem algo nas mãos. Pode ser granada. Cães molossos ladram furiosos, como leões acuados.

Volta Jayro a apertar o intercomunicador. E de novo. E mais uma vez. Por fim alguém pragueja em francês. Surge outra voz já falando em português. A entrada é negada. Jayro, em compreensível rudeza, quer ver a tal Ondina na hora, e de qualquer jeito. Conta-lhes do seqüestro. Tal mulher deve estar de posse de seu filho. Quase se cria uma querela diplomática, pela insistência de todos em invadir aquele legalmente considerado território estrangeiro. Prossegue a pressão para o ingresso. O Dr. José Leal é ativo na cobrança da urgência. Aparecem seguranças de dois metros e minimetralhadoras UZI. Alternam-se as pessoas a falar por aquele meio eletrônico. Ora homem ora mulher, primeiro dizem, de lá, que Ondina está no Gabão com o senhor embaixador. Outros, assim tomados de surpresa, informam que não, que já voltaram, mas não deixarão ninguém entrar. Jayro pede para apenas sua sogra ser admitida, com ele, e ver Ondina. E se ela não estiver, que lhe mostrem uma sua fotografia, sugestão do Dr. Leal, para reconhecimento.

Continua a negativa. A embaixada é imponente. Dela vêm frases em francês, bantu, fangue, bateke, bandjabi e português, nas conversas ao fundo e já na entrada. O impasse é insolúvel e o clima se aquece, como em fogueira alta. Eis que surge, buzinando e subindo em canteiros, bonito Chevette bege metálico, quase branco. Desce aflita uma mulher, aliás, essa sim, com características semelhantes à da ladra do bebê e se apresenta como secretária da embaixada, falando em bom brasileiro nativo e declarando chamar-se dona Brigitte.* Garante ser impossível atribuir-se o crime a Ondina, pelo irretorquível álibi de que a mesma está no Gabão para onde já há dias viajara. Depois de muita confabulação acaba permitindo que Jayro, mais sua sogra e outras duas ou três pessoas entrem. Na verdade saem do Brasil. Lá dentro, tudo que acontece está fora da alçada da lei e da justiça brasileiras. Acionam-se complicados sistemas de segurança. Holofotes são acendidos. A cainçalha aumenta o ladrido.

— Vão acabar arrebentando as correntes de aço.

Uma tríplice sirene toca meio por acaso. Ali no território gabonês, uma dita foto de Ondina, com dificuldade encontrada, é mostrada a D. Otalina.

Não a reconhece. Não. Depois vai declarar aos demais:

— Antes a própria D. Brigitte para se parecer com aquela amaldiçoada. Mas não sei não. Não tenho certeza. Não tenho.

Mulher quase infartada, diante de tamanho impacto emocional, como poderia mesmo ser firme em seu julgamento? Entretanto Lia, posteriormente, vendo retratos publicados na imprensa, chama até de **incrível** a semelhança entre tal secretária e a desumana mulher — mulher não, o Diabo, a gata gatuna — que levara o seu filhinho. Mais fatos intrigantes viriam ainda a deixar dúvidas, inclusive até pela adoção, embora legalmente feita, de mais de uma criança, pelo próprio embaixador. O Gabão acaba vendo-se obrigado a fazer, como faz, uma declaração oficial, nos jornais de Brasília e Rio, assinada pelo próprio embaixador, ressaltando sua inocência e a amizade entre os dois povos. O *affaire* ainda vai render. E muito!

14

No final da noite do mesmo dia, frustrada a busca naquela embaixada, Jayro, de volta à maternidade, ouve a advertência do médico e seu amigo, Dr. Benedito Fernandes Pinto:

— Escuta aqui e preste atenção, meu caro: se você quer mesmo recuperar o seu filho, trate de botar a boca no mundo. Berre. Faça um escarcéu.

Concorda e vai sozinho à televisão. Invade os estúdios da Globo, onde não conhece ninguém, mas é recebido com respeito e solidariedade. Dá a primeira de uma infinita série de entrevistas, pois atendem às suas pungentes súplicas. Faz um apelo de crucificado, tatibitate, insistindo em que lhe devolvam o filho ou, como consolo, forneçam qualquer informação. Quem souber de Pedrinho, ou da mulher que o levou, diga algo. Tortura-o, em especial, o desconhecimento das condições do neném. Como estará sendo alimentado e, enfim, tratado? Exclama, no encerramento, ao povo, patético:

— Eu vos peço pelo amor de Deus. Devolvam o meu filho.

Às oito horas da manhã do dia seguinte, uma chamada telefônica para o quarto da maternidade. É com Jayro mesmo que quer falar um senhor. Grosso sotaque estrangeiro. De nórdico ou anglo-saxão. Gringo, enfim. Diz-lhe apenas, e desligando em seguida:

— Não se preocupe com a saúde do menino. Ele está bem.

O Jornal de Brasília, um dos dois principais da cidade, é o único a trazer completa reportagem de primeira página e com a generosa indicação de uma solidária repórter Dulcinéia, oferecendo seu próprio telefone para qualquer contato a respeito do Caso Pedrinho, como já começa a ser chamado.

Depois, aquele exército da mídia a invadir o nosocômio e a fotografar, gravar, perguntar, reperguntar, fotografar de novo, filmar, inquirir, perscrutar, filmar mais um pouco, até compreensivelmente indiscretos, todos.

A direção do hospital resolve mudar o quarto. Jayro acha bom, pois ao internar a mulher não gostara mesmo muito daquele 10. Vão para uma ala mais tranqüila, ressalvada a passageira procissão de repórteres. Para o Apartamento 13.

Apresenta-se a polícia do Distrito Federal, sob a direção do delegado bacharel Rogério Bernardino. Pelo seu trato humano, pela sua visível solidariedade e comiseração, mesmo com os calos profissionais, a todos conquista. A família, então, conforta-se e encanta-se com ele. Manda ser feito um retrato falado, mas, pela azáfama e enorme confusão reinante, pouco treino dos peritos, Lia acaba não gostando da cara concluída. Fala, ao vê-lo no dia seguinte, nos jornais, não ser parecido com a perversa criatura, ladrona do seu filhinho. Também pudera, o tal retrato fora executado com simplórios cartões de narizes, bocas, testas, cabelos, olhos e sobrancelhas, em mal tentadas combinações, sistema ainda muito primitivo e, pior, ouvindo-se as mescladas opiniões de Lia, da mãe dela e, em especial, da saliente enfermeira Justina, a qual parece estar dirigindo os peritos para concretizarem o retrato de uma sua inimiga. Até acompanhantes de outros quartos, tudo ao mesmo tempo, confundindo-se, ali aglomerados, dão seus palpites. A desventurada mãe gostaria de fazer isso sozinha, pensando e meditando sobre cada parte daquela odienta e horrível cara.

Tampouco foram seguidas corretamente as ordens para serem fechadas todas as saídas de Brasília, que aliás nem são muitas. Esquecem-se do trem que leva passageiros até Campinas (SP) e tem carros-leitos muito bem fechados e convenientes para quem queira se esconder. Lia já sabe por que não acham nenhuma impressão digital, após a esquisita e intempestiva *limpeza* no Quarto 10, principalmente em jarras, telefone, maçanetas, comadres, copos etc.

D. Otalina constata: na mudança de quartos, sumiu também a máquina fotográfica. Mais uma coisa subtraída das mãos e das vistas deles. A quadrilha estaria atenta para não deixar pista alguma? quem sabe com medo de ter sido batida alguma foto da Seqüestradora ou até mesmo do bebê? Nada disso havia ocorrido. Nem sequer restou o mínimo consolo de um retratinho do sumido recém-nascido. Só seu cheirinho gostoso. Tal máquina apenas continha algumas fotos de festa de aniversário de dias anteriores, em filme inacabado. Aquela gota d'água acabou por causar o já previsto e temido — e em vão evitado por medicamentos — infarto de D. Otalina. Lá vai ela para a Unidade de Terapia Intensiva, quase à morte. Mais esta.

Outro delegado, seguido de escrivão, passa, no novo quarto, a questionar Lia, inclusive com perguntas que, se para ele são de praxe, mais ainda ferem fundo, pelo seu descabimento, o já tão pisado casal:

— Seu marido tem amantes, dona Maria Auxiliadora? E a senhora, lembra-se de algum namorado antigo que a tenha procurado recentemente? Algum inimigo a rondou durante a gravidez? Ou mesmo qualquer outra pessoa a seguia?

O irmão de Jayro, Ruy, desce no aeroporto internacional de Brasília, vindo de Manaus. Segue direto para a maternidade, onde permanece vinte e quatro horas sem piscar um olho. Dá um pouco mais de segurança a marido e mulher, a quem clama para não se revoltarem contra Deus. É despachado e eficiente. Sua presença reanima mesmo. Sugere e consegue um psicoterapeuta para assistir o casal, que determina a todos deixarem o quarto. Somente os três ali dentro, manda-os imaginar o Pedrinho no berço. Que conversem com ele, como se presente, e lhe digam tudo represado nos seus corações. Desabafem. É então posta para fora, num pungente ato de amor e de segurança, a declaração de cada um dos pais, de jamais o abandonarem. Pedem-lhe, para seu próprio bem, não se revoltar contra seus captores e, se esses o tratarem com carinho, até retribuir o mesmo. A telepatia produzirá frutos, vão ver, vão ver. Tudo isso provisório, até o reencontro que haverá, sim, há de acontecer. E logo.

Valeu um pouco aquela terapia. Como que ouviram telepática e confortadora resposta. Mas os genitores não suportam mais o mundo de curiosos e mídia, dia e noite atrás deles, principalmente dela, até com repórteres dormindo no chão nos arredores, ou na própria entrada do hospital e maternidade, no aguardo de fatos novos.

De repente, não mais nem menos que de repente, Jayro Tapajós, ao se levantar de uma cadeira, fica tão tonto que quase beija o chão. Aí se dá conta de estar completando três dias sem comer nem beber nada de nada. Tataranha por completo, nem sentira fome ou consciência da necessidade de comer.

A capital da República Federativa do Brasil, com todas e quaisquer de suas cidades-satélites, ferve e espuma de revolta e não fala de outro assunto. Começara a caçada de Pedrinho.

15

— Mãe, mas o que é isto? Você volta outra vez da maternidade, de mãos abanando, sem neném?

Lia, não aturando mais, mesmo, o Santa Lúcia, seja por aquele assédio, seja pelas más lembranças, embora a custo, conseguiu de seu obstetra a tão suplicada alta. Verdade que teve de sair em cadeira de rodas. E na hora de ir se despedir da mãezinha infartada, foi ela própria quem, quase literalmente, morreu de desgosto. Muito áspero e inclinado o seu Calvário.

Uma de suas filhas, infantil e ingênua, como a recriminá-la — mas não foi por mal não —, lhe fez aquela totalmente inoportuna pergunta, à porta da Casa 13. E quanto doeu!

Ajudada por várias pessoas, acomoda-se em sua cama e pede para ficar uma meia hora a sós. Aí se revolta contra o Criador:

— Se eu nunca fiz mal pra ninguém, se o Senhor já me tirou uma filha, se já impediu que dois outros filhos sequer chegassem a nascer, por que ainda mais castigo, e agora uma surra como esta? Logo com o menino tão esperado? Não concordo, não é justo, eu não devo nada. Tenha piedade.

Está febril e só se reanima um pouco quando, após o prazo concedido, marido e as duas carinhosas filhas entram, com pés de pluma, e se abraçam todos, formando um só rolo de lã. Choram juntos. Então nota, numa mesinha, a lamparina acesa, aos pés da santa. E ouve um pássaro cantar alto na mangueira grande do quintal. O canto é claro e preto é o pássaro.

Continua por vários dias com a temperatura lá em cima, resistindo aos medicamentos inúteis, face ao mal psicossomático. Não pode atender à romaria em sua casa. Espíritas, crentes, católicos, umbandistas, povo de todas as religiões vêm trazer-lhes apoio, orações, estranhos líquidos engarrafados, bentas águas, rosários, pedras, santinhos e santões impressos, porções de terra, galhos de arbustos, cachos de cabelos infantis, até uma chupetinha encantada por poderoso anacoreta.

Uma conhecida traz, para Lia ler, um exemplar do jornal *Presencia,* da Bolívia, passado por vizinha dela, contendo também a notícia do Caso Pedrinho, sempre estampado em parrudas letras em toda a imprensa brasileira, para não se falar do estardalhaço nas rádios e televisões. Até enquetes são feitas, pelo telefone, entre ouvintes das rádios AM e FM de Brasília, para se saber quem acreditam ter seqüestrado o recém-nascido e o porquê.

A Casa 13 parece estabelecimento aberto ao público. Repórteres com câmeras e máquinas fotográficas e uma teia de aranha de fios, a postos, de dia, ao longo da rua, no alpendre e no jardim da entrada. Já na sala, nos quartos:

— Dá licença. Licença, licença.

À noite, dormem na garagem e até sobre o gramado. Alguns trazem pedações de papel branco, restos de bobinas de seus jornais e se embrulham neles, à guisa de cobertores, para a briga feia com o frio das noites do planalto.

16

Fel na ponta da lança, em pano torcido nas bocas de Lia e Jayro, no poste da cruz, nos dias que se seguem. A torturante espera de um chamado telefônico ou de outra busca de contato pelos seqüestradores. Nada. Apenas um tilim-tim-tim de não acabar nunca, de gente empenhando solidariedade, chorando junto, rezando, dando notícia de movimentação nesta ou naquela cidade, sugerindo pistas e, por vezes, até tresloucados, como um capaz de sugerir a Lia saísse e seqüestrasse outro menino, da mesma idade, deixando assim uma coisa por outra, pronto. Tiraram o dela, tirasse o de outra. Elas por elas. Vejam só! Pena de talião contra inocentes.

Jayro chega a orar para que peçam logo o resgate. Tudo fará para pagá-lo. Ainda que quebrasse, sem um só tostão restando na última caderneta de poupança. Sem dinheiro para comprar um remédio pra si, sequer um pão. Mesmo se ficar devendo até o final de seus dias, o derradeiro fio de seus cabelos e de sua barba. Suará sangue para pagar a dívida. Há de pôr em ferida viva as mãos e os joelhos. De queimar os olhos. A mãe, menos racional — pura emoção —, não se dedica a tais cálculos. Sem saber como, quer porque quer, e logo, o filho.

— Devolvam o meu filho!

A polícia resolve dar uma proteção diuturna na casa. Agentes ali se revezam sem falta. Armados até de metralhadora. Muitas algemas. Rádios, nas freqüências privativas. Há uns vigiando de longe, já desde o começo da rua sem saída. Binóculos de diversos formatos.

O delegado, bacharel Rogério Bernardino, resolve e faz instalar bina — há pouco inventado, aliás cá mesmo em Brasília, por arguto ex-goleiro de futebol — em vários terminais, para identificar as chamadas telefônicas. Uma delas merece a procura da autoria. Às dezoito e trinta horas. Voz feminina que, tão logo atendida, apenas afirma:

— O Pedrinho morreu.

Jayro branqueia e, com trêmula voz, pede mais detalhes. Consegue apenas a repetição da notícia e o clique de desligar:

— O Pedrinho está morto.

A polícia bate atrás, descoberto o endereço da ligação. Mundo de trabalheira, tomada de vários depoimentos do dono da casa e do telefone, reinquirições. Negativas. Mais interrogatório. Mais negativa. Até chegar-se a uma das filhas, mocinha, grande no tamanho, fala de adulto, mas espírito ainda de criança. Avoada e perigosa. Sob pressão moral dos próprios pais, dizendo que não e não, não fora ela, mais tarde manda um bilhetinho, com sua confissão ao pai, escrita a lápis. Nas declarações à polícia confirma, então, ter ouvido pela Rádio Planalto AM, num desses vulgares programas com interação de domésticas, desempregados e criançada, uma entrevista com a mãe do menor sumido, na qual ela pedia ao povo, chorosa, ajudá-la, dando qualquer informação pelo número indicado. Sendo crente, diz Ana Sara* ter sido compelida a telefonar, e, como atendeu um homem muito desconfiado, ficou confusa e acanhada, tendo dito, tentada por Satanás, a primeira coisa que lhe veio à cabeça: a morte do bebê. É uma família simplória e tal comportamento da adolescente simplesmente não condiz com as normas da conduta da casa. Reproche.

17

O bacharel Rogério Bernardino, impressionado pela convicção a ele transmitida pessoal e seguidamente por Lia, de que a dita secretária geral da Embaixada do Gabão se parece muito mesmo com a seqüestradora, delibera voltar àquela pista. Manda tomar as declarações, a propósito, de Aparecida Lazzarini,* apurando-se que ela, como faxineira, e o marido, como motorista, haviam de fato trabalhado naquela embaixada e acabaram sendo demitidos — sem razão e sem receber qualquer direito trabalhista. A maioria das embaixadas, em Brasília, tem mesmo o mau vezo de se declarar imune a tais obrigações para com os empregados brasileiros que contratem.

Lá na própria embaixada — diz — reside o embaixador Vigone Mananhê* que sempre mantém crianças recém-nascidas, chegando a três de uma vez só. São elas destinadas a outros países, sem poder precisar quais, talvez o Gabão também. Pouco mais pode informar pois há um clima de segredo e mistério em torno disso. Perenemente empregada ali, uma babá exclusiva para cuidar de tais bebês que entram e saem constantemente. Muito poderosa, espécie de administradora geral, cuidando não só dos escritórios, da chancelaria, como da própria parte residencial do senhor embaixador, já com muitos anos de casa, a tal Brigitte. E, sim, sim senhor, tem todo esse jeitão que o senhor está me descrevendo. Bonitona mesmo. Não passa dos 28 anos e é pernambucana, proseia que nem nós mesmos mas também fala arrevezado uma das diversas línguas do embaixador. Dizem que é francês. Tagarelam horas e ela não vacila nem duvida de uma só palavra. Nem gagueja. Quase só sai no carro da embaixada e com motorista. Ali existem um Mercedes, dois Opalas, todos de cor escura e uma Kombi azul, mas escura também. O carro próprio dela é da marca Chevrolet, zerinho, mas não sei bem o nome, e ela mora em apartamento chique, tendo duas empregadas.

Só não bate o sotaque. O de pernambucanos sabe-se ser bastante acentuado, indisfarçável e dificilmente imitado, e Lia não contara dele, apesar do bastante que escutara da verdadeira Seqüestradora.

O marido dessa testemunha também é ouvido e confirma todo o dito por ela, acrescentando que sempre notou a presença de crianças brasileiras naquela embaixada e Brigitte cuidava da adoção das mesmas, sendo que uma delas, já maiorzinha, com uns três anos, mora definitivamente na residência do embaixador. Onde também reside outro, já crescidinho, de nome estranho: Fidel Guevara.* Brigitte procura sempre pessoas que tenham meninos para dar em adoção. Mas não pode garantir se, para esse fim, ela freqüenta hospitais, maternidades, creches ou asilos.

Finalmente ouvida na delegacia, Brigitte confirma quase aquilo tudo, acrescentando já ter agora um Monza, cinza-escuro. E uma menininha de muito nova idade, Emanuelle,* fora havia pouco adotada por uma gabonesa, a qual se hospedara naquela embaixada só para obter isso, dali indo para Paris, e há mesmo outros casos de adoção mas ela, secretária geral, jamais saiu à procura de alguma.

Sua situação se complica, porém, porque, ouvida em seguida, na polícia, a tal babá, demitida da embaixada, Maria Luzia,* recorda-se, embora não podendo precisar a data, ter ali recebido telefonema de uma mulher que não quis dar o nome e sabendo estar fora a D. Ondina, pediu lhe fosse transmitido o recado de *ter nascido a criança e podia ir apanhá-la.* E que Brigitte também tratava disso, cuidando para não serem admitidas crianças do sexo feminino, pois os adotantes, *lá fora,* só queriam meninos.

Brigitte passa por um exame de reconhecimento, feito com os ditames legais e seu respectivo auto, na Delegacia de Vigilância e Captura e NÃO é reconhecida como a Seqüestradora, embora os que a viram lá na maternidade achem as duas parecidas. Lia, porém, a exclui pelos seus olhos. Linda mulher, mas são de peixe morto, tão diferentes dos faiscantes olhos daquele maldita, um milhão de vezes maldita ave que carregou seu bem-amado bebê. No bico. A cegonha invertida.

Agentes, especialmente designados, vasculham hotéis e similares, atrás de qualquer pessoa suspeita, hospedada com recém-nascidos, no dia do crime ou depois. Outros vão às estações de ônibus e ao aeroporto, com o mesmo objetivo e sempre dando ênfase a uma sacola com tais e tais dimensões e algum escrito, em especial *Só Bolsas*. São ouvidos, de passagem, guardadores e lavadores de carro, pedintes, motoristas de táxi parados em seus pontos ou estacionando para descida de passageiros. Percorrem todos os cartórios de registro civil para conferir recentes nascimentos. Checam até batizados em igrejas diversas. Todo o Hospital e Maternidade Santa Lúcia passa por verdadeira varredura de especulações. Tudo em vão.

Os dias vão-se passando. Já as noites parecem imóveis. Não se acabam nunca. Cada qual mais desesperadora.

18

Os dois policiais entram na loja *Só Bolsas*. Querem falar com o dono. Ciente de todo o ocorrido, ele, solícito, marca fechamento da loja meia hora antes, quando todos os funcionários ficarão por conta das investigações. Na hora fixada começam a recordar qual mulher, com aquelas características, teria comprado a bolsa de plástico grosso, com cerca de setenta por quarenta centímetros, capaz de comportar um bebê dentro.

Para mal dos pecados da advogada Ana Maria,* parecida por demais com a Seqüestradora, acham na relação dos depósitos bancários o seu cheque, com o qual saldara aquisição ali feita, poucos dias antes do crime. Uma das inconveniências de se pagar assim, mesmo tendo fundos no banco. Selecionada equipe de investigadores e investigadora sai atrás, encontrado seu endereço e passando a segui-la. Já sabem que ela trabalha no Senado Federal. É assessora importantíssima de conhecido e já idoso senador.

Dirigindo seu Voyage branco, ela, que já vinha sendo seguida há dois dias, é detida e levada à Coordenação de Polícia Especializada, sob, primeiro, desculpa de suspeição por estar dirigindo um carro roubado. Chega a acreditar ser vítima de um assalto, pela forma com que os três homens, em roupas civis, sem exibirem distintivos, invadem seu veículo.

A portas fechadas com o delegado bacharel León,* começa a desconfiar que a acusação é outra. Aflita, pede para chamar o senador** pelo telefone. Negam. Insiste. A desculpa é de necessidade de ordem superior para tal. Ela invoca sua condição de inscrita na Ordem dos Advogados do Brasil, seção do Distrito Federal, embora não militante. Talvez para assustá-la e pressioná-la mais ainda, levam-na a um corredor que antecede as celas dos presos. Deixam-na aguardando em pé. Lê avisos em quadro na parede, de horários para banhos de sol e formas do chamado pagamento do café, na regulamentação da carceragem. — Chi! estou presa mesmo.

Mais uma vez pede para usar o telefone e chamar ou o senador, seu chefe e amigo, ou um colega advogado. Ou mamãe. Nova negativa.

Depois de muito custo é transferida para outra sala, não menos escura. Fica sabendo ser a do bacharel Raimundo Nonato,* o qual lhe revela, finalmente, a acusação de furto do bebê no Santa Lúcia. Choque de 220 volts no corpo todo. Amargor na boca seca. Garante que naquele dia e hora estava em sua chácara, e junto com o senador, também engenheiro, que conferia a construção da base em concreto para a torre de um cata-ventos a ser ali instalado. O delegado manda que telefonem para a Casa dos Cata-ventos e confiram o álibi. Positivo. Então, ainda com muita má vontade,

---

**Ao longo de todo o livro, este sinal indica uma pessoa já falecida. (*N. do A.*)

empresta-lhe o telefone e ela fala com sua mãe que imediatamente se põe a campo para achar o senador e este comunica a detenção à Ordem dos Advogados. E toma outras providências, bem características de políticos, em especial, de Brasília.

Em breve, o próprio Dr. Maurício Corrêa, presidente da OAB do Distrito Federal e, anos depois, conceituado ministro do Supremo Tribunal, aparece e, por força mesmo daquele seu cargo, passa a defendê-la, junto com outro colega designado para esse fim. Quando declara que tem três filhos adotivos, aumentam as suspeitas. A polícia quer saber como ela arranjou e adotou aquelas crianças. Informa que os respectivos processos de adoção tiveram início em Belo Horizonte, onde morava, e foram concluídos no DF. A idade dos guris é de um e de dois anos e meio, o mais velho.

Entretanto o trato para com a suspeita já mudou, é razoável. Dois agentes policiais haviam ido antes à casa de Lia, com fotos dela, uma grande e outra pequena, sem lhe contarem de quem se tratava, nem como a obtiveram. Pulos e pulos no coração, a sempre aflita mãe está em dúvida. Não garante ser ela. Mas também ainda não tem certeza de não ser a Seqüestradora! Ah! meu Deus! socorra-me. Fica sabendo que quatro pessoas que viram a bandida na maternidade, a reconheceram naquelas mesmas fotografias. Mas sem demonstrar plena convicção. O bacharel Rogério Bernardino, a seguir, pelo telefone, conta estar com o cerco armado e espera encontrar logo o Pedrinho.

Para o dia seguinte é marcado o reconhecimento oficial de Ana Maria. Eufórico, aquele próprio delegado vai buscar o casal vítima, em casa, no seu carro. Infelizmente, D. Otalina continuava internada no hospital e absolutamente impossibilitada de sair, menos ainda de ficar frente a frente com a Seqüestradora. Sob risco de morte.

Pelos noticiários, o povo do Distrito Federal, em peso, vibra e se agita com possível iminente e feliz desfecho. Só que, só que...

Chegando à Coordenação de Polícia Especializada, ao delegado amigo é logo passado o telefone. Ele enrubesce e faz outra ligação, testemunhada por dois repórteres, comunicando ao seu interlocutor que o secretário da Segurança está procurando por si, não achando conveniente, em respeito às garantias de possível inocente, seja feito o reconhecimento incluindo-se Ana Maria. Mas diz não concordar com isso e, mesmo violando a subordinação hierárquica, vai fazer, sim senhor. Vai até ao fim, pela busca da Verdade e da Justiça. A Lei é para todos. Vai incluir Ana Maria.

Na sala apropriada, separada de outra por vidro transparente de um só lado, quatro pessoas, mais a própria Maria Auxiliadora Braule Pinto, invisíveis para as sete mulheres na outra sala, com as mesmas características da Seqüestradora, primeiro de costas, depois mais do que rapidamente, à batidinha com nós dos dedos na vidraça, virando-se de frente, são mostradas aos possíveis reconhecedores. Outra batidinha e eilas de perfil, por questão de segundos. Dado por findo o ato do inquérito. Ninguém reconheceu nenhuma como a autora da subtração da criança.

Atônita, Lia, na primeira mostra já constatara a ausência da advogada Ana Maria que conhecera pela foto. Perdeu a fala.

Duas horas depois de exasperante espera, trazem o auto do reconhecimento ou, mais propriamente, do *não* reconhecimento. Soube-se que o senador em pessoa estava naquelas dependências policiais e prestara declarações a favor da já qualificada como chefe de seu gabinete. Colhem a assinatura de todos, menos a de Lia. Embora ainda desassistidos de advogado, Jayro achou que não deviam assinar. Sua mulher, apesar de todos os pedidos, quase ordens do escrivão, não assina. E assim, até hoje, no inquérito policial às folhas 57 e verso, lá está o auto, sem sua firma. As quatro testemunhas que assinaram o termo, afirmando não reconhecerem a Seqüestradora, porém, de maneira um tanto quanto suspeita, comentavam depois, nos corredores, que tinham achado sim, algumas fortes semelhanças. E foram sete, não cinco, como constam do inquérito, as mulheres exibidas.

O casal discute o assunto e resolve constituir seu procurador o advogado Dr. Aidano Faria, que começa a agir. Exige ser Ana Maria submetida a reconhecimento por D. Otalina, assim tenha esta ordem médica para tal.

19

O loquaz e afável governador José Aparecido, ex-secretário particular do sumido e aloprado presidente Jânio Quadros, atendendo a um especial pedido da senadora Eunice Michilles, do Amazonas, estado das raízes do um pouco índio, o pai Tapajós, recebe em audiência, no seu gabinete, o casal, mais seu Tio Arnaldo e o advogado Dr. Aidano. Prestando contínua atenção às reclamações contra as alegadas falhas policiais, dinâmico, manda chamar o próprio secretário da Segurança Pública, coronel Olavo de Carvalho, a quem são repetidas as queixas. Ele, com firmeza, rebate e nega cada uma. Só promete que punirá o responsável pela falta de perícia tempestiva no Quarto 10.

Quanto à Dra. Ana Maria, pode garantir tratar-se de *cidadã idônea, acima de qualquer suspeita*. E que somente estava pagando e penando, por sua parecença com a descrita Seqüestradora e pela coincidência de ter filhos adotivos e haver feito aquela infeliz compra na *Só Bolsas*. Além disso, compete à polícia proteger também os cidadãos inocentes. Jayro, nervoso, intervém dizendo que tais salvaguardas não existiam para certas pessoas, como elas próprias. Meio vencido, o secretário, ressalvando com firmeza não aceitar a imputação de falhas no reconhecimento anterior, se compromete perante o governador, fará um outro, mas só com D. Otalina. Lia sugere, então, ser dado às reconhecíveis um trecho escrito para ser lido por elas e assim também a voz e a entonação possam ser reconhecidas. Pede, ainda, estejam maquiadas e trajadas como a Seqüestradora. E que existam perucas disponíveis, para serem examinadas com elas, no caso de dúvidas de sua mãe. O secretário, melindrado, diz ter ótimos e experimentados serventuários que não precisam ser ensinados sobre como deve agir a polícia. E se despede, retórico, prometendo continuar agindo com todo seu sangue, suor e lágrimas.

Numa segunda-feira de Carnaval, pelo almoço, um telefonema do titular da Primeira Delegacia de Polícia, dizendo ter algo urgente e que uma viatura policial, de representação, vai buscar Jayro e a avó do menino, às duas da tarde. Ficam ansiosos atrás de seu advogado, mas, pelo semiferiado, não conseguem achá-lo em nenhum de seus telefones. Pontualmente chegam à delegacia, mas tomam alongado chá-de-cadeira até quase cinco da tarde quando, surpreendentemente, aparece o bacharel titular, acompanhado de conhecido advogado do Senado Federal. Sem a presença de Jayro, vetada, lá vai D. Otalina, e o surpreendente, depois da longa pressão é que volta e proclama com quase certeza:

— É ela, é ela sim..

Maior surpresa, contudo, é a principal manchete, na manhã seguinte, do *Correio Braziliense*:

AVÓ TAMBÉM INOCENTA ANA MARIA

Lia, inconsolável e inconformada, faz uma publicação, por ela assinada, um pequeno livro, *Devolvam meu filho!* de tiragem limitada, denunciando isso tudo. Fazendo claras acusações.

20

A Nação toda continua conturbada com a insolubilidade do Caso Pedrinho. Os jornais não interrompem as suítes. Critica-se a Polícia e até a Justiça. Na Casa 13 já virara rotina o plantão de policiais e repórteres. Uma parada o tanto de amigos, conhecidos, parentes, vizinhos, meros especulas, a visitarem o desditoso casal. Telefone nunca pára e não pode ter número mudado nem ser emudecido, pois se espera com ansiedade a voz dos seqüestradores, falando alguma coisa.

Jayro Tapajós, somente após tropeçar e quase cair de tamanha tontura, novamente se dá conta de não estar se alimentando. Nem café tomava. Ficou um palito de tão magro.

E nos tornados temporais de tantos acontecimentos adversos, Lia, compreensivelmente, passa a ter comportamento estranho. A Desgraça é mesmo competente para enlouquecer qualquer um. Talvez usando por demais os conselhos do psicoterapeuta, ela principia a se ocultar em um ou outro cômodo, desesperada atrás de momentos de solidão. Aí dá largas a uma imaginação compensadora: além de falar com Pedrinho, passa a niná-lo, a aproximar o rostinho dele ao seu, a cantar-lhe canções de berço, a trocar-lhe fraldas. Faz-se rodear de tudo aquilo, preparado com tanta antecedência, até com a ajuda das meninas, para a chegada do neném. Bota

Pedrinho ao peito e sente-o sugar-lhe o leite. Um dia até consegue ir à cozinha e — Oh! Céus — prepara, aquece e leva de volta uma mamadeira e passa, com o ritual de praxe, a dá-la ao filho de su'alma. Depois, os tapinhas nas costas, sentadinho, para arrotar.

É de madrugada e ela acorda o marido:

— Você ouviu a brecada? Corre, amor, corre, vamos pegar o Pedrinho. Deixaram-no na porta daqui de casa. Num cestinho. Vamos lá, vamos. Está na soleira.

Jayro custa a segurá-la e carinhosamente tenta fazê-la voltar a dormir:

— Foi um sonho, querida. Foi um sonho. Mas uma hora vai-se realizar. Dorme, dorme em paz.

Durante os dias, a pobre mãezinha não tem interesse em nada. Está em depressão das mais fundas. Quase não come, não se penteia, não quer nem trocar de roupa. Não fala mais em Deus nem em santos. Nem com eles.

E o pior é que não pedem resgate. Só pistas falsas e a mesma visitação sem fim e permanência dos já enjoativos policiais e repórteres. Lia não quer mais viver.

Somente cai em si quando uma das filhas, em vozinha decidida, triste mas revoltada, lhe comunica:

— Mãe, eu vou fugir de casa.

21

O instinto maternal acorda Lia, ao ouvir a alarmante e eloqüente ameaça de sua filha. Ela sai da catarse e toma consciência de sua obrigação de cuidar do restante da querida família, acompanhando seu crescimento e formação escolar e moral, dentro de um quadro evidentemente neurótico pela desdita. Apesar do tamanho da dor e do traumatismo inimaginável para quem nunca sofreu isso, o golpe de que fora vítima a deixara naquele torpor todo, e na insana imaginação da presença do Pedrinho.

Com o inteiro suporte de Jayro, delibera voltar à carga, na busca do filho. O bacharel Rogério Bernardino, com carinho cristão, aceita seu pedido para novo retrato falado. Acabado, sob as opções dela, acha que serve e passa a divulgá-lo já com a ajuda de associações e igrejas. Mas, na verdade, não há na cara da Seqüestradora nenhum sinal, nenhuma particularidade capaz de facilitar o reencontro. É um rosto comum — no retrato —, de mulata clara, num país cuja maioria é do seu tipo humano. Na artificial foto montada não podem ser vistas as pulseiras, as demais jóias, o requinte do trato nas sobrancelhas, o halo insinuante da mulher, o seu corpo incomum. Sua individualidade, enfim. Ninguém se apresenta dizendo, com todas as cautelas do alardeado garantido anonimato, ter jamais visto uma mulher suspeita de ser a procurada. Não há nenhum notório ponto de identificação. Nada muito fora do comum.

Lia entra a participar de uma seqüência de programas de rádio e televisão, de entrevistas a todo e qualquer jornal ou revista, chegando a fazer cansativas viagens a Goiás e até Mato Grosso, para suas súplicas.

Ela e Jayro começam a procurar pessoas de influência, outras, formadoras de opinião, para se unirem a eles e ajudar de uma forma ou de outra. Mas, ao mesmo tempo, principia também a tábua na cara, de duríssimas decepções. — Como é falso o ser humano!

Sugerida por uma amiga paulista, ela se decide a ir à Câmara, para falar com a deputada Beth Mendes. Pelas interpretações daquela atriz, na TV Globo, e pelas suas declarações em memoráveis campanhas políticas, inclusive na defesa dos chamados Direitos Humanos, está perfeitamente convicta de encontrar uma mulher, antes de mais nada, cristã e, sem dúvida, uma futura aliada na sua luta. A recebê-la irmãmente e com alegria.

Difícil percorrer as labirínticas instalações do imenso Palácio do Congresso, achar e bater na porta da ante-sala do gabinete daquela deputada. Toma um chá-de-cadeira, sem sequer um leve olhar de carinho pelos nomeados e apadrinhados da importante figura. Finalmente é admitida à sala dela. Beth Mendes nem ao menos se levanta de sua poltrona e raramente ergue o rosto. Não a convida para sentar-se. Está debruçada sobre a mesa, checando seu extrato de saldo no Banco do Brasil, agência dali mesmo, da Câmara dos Deputados, deduz-se. Lia fica parada à sua frente. Começa a narrar-lhe seu sofrimento e sua luta. A imaginária tão importante deputada, apesar de não passar do baixo clero, desdenhosa, balança negativamente a cabeça ao receber pedido de confirmação de estar a par do Caso Pedrinho. Tem a coragem de falar nunca ter ouvido nada a respeito. E é mulher de televisão! E o caso ocorreu em Brasília onde supostamente ela deve morar ou, pelo menos, passar uns três dias corridos, da semana. Será?

Bastante desapontada, a inconsolável mãe ainda insiste. Beth Mendes, sem a pesada maquiagem das novelas, e fora do foco das câmeras, parece-lhe muito mais velha e nada bonita. Lia tem a impressão de ser intencional a hostilidade e a antipatia da deputada. Ela ainda fala mais algumas coisas, já em voz baixa e sentida. Beth limpa e coça um dos ouvidos com a ponta de cima da esferográfica e, com a de baixo, de instante a instante tica um lançamento ou coloca um ponto de interrogação diante de outra importância. Lia cai na infelicidade de dizer que esperava outra atenção de alguém, como ela, sempre dita tão democrata e defensora também dos direitos da mulher, em qualquer área. Desarrazoavelmente enfurecida, a deputada praticamente enxota a pobrezinha de sua frente. Nem ela, nem sua família são eleitores seus. Quase aos berros encerra a entrevista:

— Eu fui eleita é pra fazer leis, minha senhora. Não sou meganha, não sou polícia. Não tenho nada com essa história. Passar bem.

E volta a ficar de cabeça baixa, a conferir seu saldo no banco. De vez em quando coçando um ouvido.

22

Oitavo dia do furto de Pedrinho. Oitava estação de uma via-crúcis. Angústia continua sendo a palavra-chave. E um trabalho enorme para se buscar solução do enigma. Qual o objetivo do crime? Quem, o beneficiário? Uma quadrilha muito sólida e esquematizada ou aventura de dois ou três desequilibrados ou fanáticos? Sacrificar o inocentinho? Por quem e por quê? Os pigmeus?! O silêncio e a demora, com certeza programados para, juntos, acabarem de quebrar o moral da família. Tudo planejado, sim. Pai, mãe e irmãs em desespero e fragilizados.

Na seqüência dos telefonemas até pela alta madrugada, aquele toque pareceu a Jayro diferente. Ao de manhã. E no estalo percebeu que, por fim, era o contato dos seqüestradores. Davam sinal de vida. Voz de homem, meio rouca, voz de fumante, impositiva mas tartamudeando. Com facilidade conclui pelo baixo nível intelectual daquela pessoa. Antipática, nojenta, preguiçosa na transmissão do pensamento mas, pelo menos, dando a primeira oportunidade real e concreta de se recuperar a criancinha.

Diz chamar-se Beto. Só Beto e mais nada.

— Não tenho sobrenome não senhor.

Garante estar o menino em seu poder. E bem. Numa fazenda. Quer vinte milhões de cruzeiros para devolvê-lo (*seriam então uns vinte e quatro mil dólares ou mais de oitenta e quatro mil reais no começo do ano 2003*). Primeira e fundamental condição: não ser comunicada a polícia e, se ela descobrir por si própria, que se afaste por completo. Se não, matam o bebê. Matam mesmo.

Apavorado com a hipótese de o bandido desligar, Jayro não pechincha, não tenta qualquer redução no resgate. Garante pagá-lo e sem contar à polícia. Irá arrumar o dinheiro. Fique isso bem claro. Claríssimo. Líquido e certo.

Beto promete voltar a chamar à noite e quanto mais depressa estiver o dinheiro pronto, melhor para os pais e o neném.

— Escuta, nem a crônica pode ficar sabendo de nada. Se publicarem qualquer coisa, o negócio vai por água abaixo. Cheira defunto. É tudo na *surdinha*.

Os repórteres (a *crônica*, como diz o bronco extorsionário) dão e cumprem a palavra de silêncio total. Nenhuma rádio pia. Nenhuma TV arrulha. Nenhum jornal explora ou quer furar o concorrente.

Mas, depois de breve conselho em família e até gente da imprensa, já amigos, bem sopesados prós e contras, os progenitores concordam em, discretamente, dar ciência à polícia, enfatizando a obrigatoriedade de cautela e segredo absoluto. Esta passa a ter desconfianças até do sigilo bancário, pois o seqüestrador deveria saber que Jayro tinha mais ou menos a importância certa exigida como resgate, em cadernetas de poupança. Ou poderiam perder o filho de vez. O bina identifica a chamada: um orelhão na Rodoviária. Mas nada de ali pegarem o homem.

Pelas vinte e uma horas, de novo o Beto a impor condições. Áspero e rápido, talvez com medo de ser rastreado e preso: Jayro deve colocar a grana dentro de uma caixa de sapatos e embrulhá-la com papel de presente. E a palavra BETO, bem grande, por fora.

— Esse pacote deve ser entregue amanhã, até uma da tarde, na portaria do Hotel Carvalho, em Taguatinga. Um moleque vai pegá-lo pra mim. Você vai sozinho. Se tudo correr limpo, à noite volto a telefonar e acertar a devolução do Pedrinho. Não ponha mais ninguém nisso. Porque se mancarem...

Descoberta a chamada. Outro orelhão. No Setor de Indústrias e Abastecimento. Também não dá tempo de a polícia chegar lá.

A inflação é violenta, e os juros mais correção monetária perdidos causam grande prejuízo no saque antes do vencimento nas cadernetas de poupança. E um dia que seja, o dinheiro parado dá muita redução no seu verdadeiro valor. Mas Jayro nem pestaneja. Raspa suas economias todas nas cadernetas de poupança. Até mais de vinte milhões de cruzeiros. Para ainda ter uma reserva à mão, em dinheiro vivo.

A polícia, por intermédio de secretas, misturados aos repórteres sempre na Casa 13, recomenda a feitura de *pacos*. Então, escondidos, cortam pedaços de jornal velho, em dimensões um pouquinho menores que as cédulas verdadeiras — quase nada — que recobrirão cada pacote das fingidas, feitas daquela forma. Não acham que Jayro deva levar todo aquele dinheirame de verdade. Pois é mesmo uma dinheirada. Só pequena parte, tapeando. Porque vão prender os seqüestradores na hora. A caixa é revestida com belo e avermelhado papel de presente. Leva até uma fita.

Já além do combinado, Beto volta a chamar.

— Eu não sou nenhum panaca. — O ansioso pai imagina ter ele ficado ciente da feitura dos *pacos*. Mas não foi isso não. Acrescenta o bandido mais obstáculos para evitar ser apanhado: — No Hotel Carvalho você vai procurar uma mulher que ali trabalha de arrumadeira. Ela já é de idade e está meio acabadona. Vai ser fácil de achar, pois ela costuma ficar lá pela frente, quase sempre. Usa umas sandálias diferentes, engraçadas, já velhas. Dê a caixa pra ela entregar ao menino e também deixe uma boa gorjeta. Ela vai ficar esperando o moleque até uma certa hora, que eu não vou te falar. Agindo correto, ele pega a grana e eu te aviso onde vou soltar o teu filho. Talvez no Cruzeiro.

Na cidade-satélite de Taguatinga, a maior e mais progressista de todas, Jayro vai num táxi arrumado pela polícia dali, dirigido por um policial armado, fazendo-se passar por motorista profissional. Logo encontra o tal pequeno hotel. Melhor seria chamá-lo de pensão. Ar de pardieiro. Plantados e bem esparramados ao seu redor e, pouco mais à distância, outros, policiais, já vestidos de gari — cor de abóbora —, varrem a rua. Mais um vende picolé num carrinho e toca uma buzina, vez em quando. Outro, de macacão marinho, porta grande alicate de eletricista e está próximo de um poste, olhando para cima, quase na entrada da espelunca.

Trêmulo mas decidido, Jayro dirige-se à recepção. Um rapaz distraído está sentado atrás do balcão, lendo sem pressa os classificados de um jornal: **Empregados Procurados**. Fixada na parede, uma televisão, som quase no máximo, mostra as distrações da Pantera Cor-de-Rosa. Intrigante: tal aparelho fica às costas do recepcionista. A seu lado, jeito de caipira, a tal mulher, em pé, paradona, olhando moscas. E com as cômicas sandálias! Confirmado ser ela mesmo, a caixa lhe é passada, com uma boa pelega para pagar o favor. Não, não precisa de recibo não. É a hora da onça beber água.

23

Não poderia ser mais forte a corrente pra frente — então em moda —, para terminar bem a caçada ao Pedrinho e meter-se na cadeia ou até licharem-se, os perversos seqüestradores. Candangos queimavam *carregos* de pilhas de seus radiozinhos portáteis, ouvindo até enquanto assentavam tijolos as últimas sobre o Caso Pedrinho. Manhãzinha e caem os pacotes de jornais nas bancas. São ferozmente disputados. Cada um quer seu exemplar para saber tudo sobre os fatos que enervam a população. Que a deixam possessa com tamanha safadeza, aproveitando-se de gente doente. Coisas do Diabo, mesmo. E o mistério. O grande mistério. A charada. O quebra-cabeça.

Alguns perguntam, verdadeiramente intrigados, onde aqueles pobres pais encontram forças para sobreviver a tamanha provação. Formam-se equipes de rezas. A Casa 13 continua alvo de visitas dia e noite, de religiosos de toda natureza e crenças, buscando ajudar. E também aparecer. Muita gente. Centenas de pessoas se dão as mãos para novenas e trezenas coletivas. Há manifestos de mães, em panfletos esparramados por todo o Distrito Federal. Diante da Maternidade Santa Lúcia, postam-se centenas delas, com faixas e enormes cartões com mensagens, reclamando a volta de Pedrinho e mais ação e rapidez da polícia. A comoção transborda de Brasília. Já está no país todo. E na América do Sul e mesmo em mais distantes partes do globo. A revolta contra a ruindade de tais bandidos espevita a Nação, que se cobre de agonia e dor coletivas. E muita raiva.

Nos jantares mais luxuosos da capital da República, as rodinhas das tremendamente bem-vestidas madames só cuidam do Caso Pedrinho. As boas senhoras da *high life* já não conseguem fazer passar pela garganta nem o mais viscoso caviar. É preciso achar o Pedrinho. E que venha a pena de morte. Cadeira elétrica neles. Ou forca. Paredão é ainda melhor. Em público.

Nas escolas, a meninada igualmente se empolga em torno da campanha pró-reencontro de Pedrinho.

Algo semelhante ao ocorrido nos Estados Unidos, no comecinho da década de 1930, quando outros malvados seqüestraram o filho do herói nacional Charles Lindbergh, o primeiro homem a cruzar, solitário, o Atlântico, numa avioneta mais pesada do que o ar, em vôo sem escalas entre Nova York e Paris, em maio de 1927. O próprio Al Capone, encerrado em calabouço de máxima segurança, por delitos contra o imposto de renda, mostrou-se comovido também. Aquele homem que não sentia a menor piedade ao metralhar — ou mandar seus jagunços fazerem isso — outro homem, adversário ou desobediente de suas ordens, cara a cara, que despachava para os ares, explodindo-os, carros e casas — nunca com crianças —, manda dizer ao notável aviador e pai que, em seu nome e no da Sra. Al Capone, manifestava sua mais completa solidariedade, oferecia todos seus homens para auxiliarem na busca ao menininho de dois anos e pouco, e ainda pedia, com mesuras, licença para colaborar com dez mil dólares, muito, mas muito dinheiro na época, para auxiliar a pagar o pedido resgate de cinqüenta mil.

Na Casa 13 há muitas velas acesas. O próprio carteiro, todas as manhãs, por volta das onze horas, faz o sinal-dacruz, antes de entregar o pacotaço de cartas vindas de todas as partes, dando força e apoio. E mostrando respeito aos santos.

Certamente muitos condenados na Papuda, até por longos anos e crimes de sangue, também revelando que em todo homem, por pior que seja, sempre há algo de bom, igualmente torcem por Pedrinho e desaprovam aqueles outros bandidos. Se os seqüestradores forem presos e postos nas mesmas enxovias deles, têm, à sua espera, a Lei do Cão. E como. E como!

24

Jayro vai-se embora célere, a fim de não deixar a quadrilha desconfiada e frustrar o pagamento do resgate, seguido da tão ansiosamente esperada devolução do bebê. Confia na estratégia da polícia mas... não tanto. Já no seu próprio carro, está próximo à Ponte do Braghetto, na entrada do Lago Norte. Reza quase um rosário inteiro. Controla bem os seus nervos.

Naquela região mais pobre de Taguatinga, quase nada ocorre nos arredores do Hotel Carvalho, no ferver do meio do dia. Todos os agentes disfarçados se movimentam vagarosamente. Começam a se impacientar e a cansar dentro das apertadas roupas que não são deles. Dois cachorros na rua se encontram, se estranham e quase se engalfinham. Latem muito. Paradeiro depois. Silêncio. Passam-se horas e horas, já escurecendo e... nada.

De repente, um menino fula, já beirando os doze anos, magricela, toma o rumo da portaria do Hotel Carvalho. Assobia baixinho e movimenta rápido as mãos. Dançando? Alerta geral entre os disfarçados, que se comunicam por sinais invisíveis aos outros, e até por dois aparelhos de rádio. O de macacão, bancando eletricista, chega tão pertinho que quase entra no prédio. Escuta o rapazote sorrindo perguntar à atendente, com voz fina:

— Deixaram aqui uma encomenda pro Beto?

A vistosa caixa lhe é passada e ele se afasta.

Toda a disfarçada tiragem segue-o de longe, para não assustar e menos ainda espantar. O garoto anda, anda. Entra num bar muito longe e ali toma assento numa mesa aos fundos. Fica vendo a televisão. Chega a terminar a novela principal. Menino inquieto, já se levantou várias vezes e ficou procurando alguém, olhando a rua, da entrada do bar. Impacienta-se.

A polícia, exausta, também. O chefe da equipe já não suporta mais. Conclui que o seqüestrador desconfiou. Manda ser agarrada a criança e levada para ser ouvida na delegacia de Taguatinga. Carregam a caixa. Não deu em nada. O plano foi a pique.

25

Uma das incontáveis cartas chegadas à Casa 13 especialmente bole com as cordas do coração de Lia. Pois ressalta a inconcebível perfídia de uma mulher — sim, mulher — capaz daquela inaudita traição contra outra mulher. O menininho há treze horas arrancado do ventre materno, mas por expertos e com anestesia, é depois arrancado de novo, da mãe, já por espertos, com toda aquela artimanha, com o golpe sem piedade engatilhado, fazendo de tolas uma recém-operada e sua desprevenida progenitora. Com toda certeza, mulher mas não mãe, pois não se pode sequer conceber que uma mãe tenha coração tão perverso para fazer aquilo com outra mãe e contra um pequenino e tão indefeso ser que sequer poderia ser consultado. Mulher também nascida de mulher. Por onde andará ela? gastando o fétido dinheiro pelo qual se rebaixou e se aviltou a tal ponto? quantas trinta moedas? não terá um instante só de arrependimento? Ou furtara para ser mãe, em lugar da outra, sendo impossibilitada de gerar filhos? Que personalidade feminina mais infame! Que falta de misericórdia!, sublinha a missivista.

O mal se alastra cada vez mais forte, pela família toda. Quase já causou a morte da avó, ainda não recuperada. E a revolta pela vizinhança, pela cidade, ainda perplexa com recente e bárbaro assassinato contra a menina Ana Lídia, tão pura, cuja mãe — Oh! triste e absurdo consolo! — pelo menos pode voltar os olhos para o firmamento e procurar a filhinha no Céu, pois já sabe haver ela morrido. Lia, lá no fundo, tem ciência disso mas esconde a mesma possibilidade para si, embora, por um lado, sendo menos aflitiva. Procura nem pensar na tragédia, mas lembra-se do Crime do Século — o caso do filho de Charles Lindbergh, trucidado enquanto os seqüestradores ainda pediam o resgate. Monstruosos, enfiaram um saca-rolhas na moleira da criancinha. Assim, a incerteza ensombrece o coração de Jayro e Lia e pois é preciso correr, correr, correr, para salvar a tempo o bem-amado. Será que nada disso abala os sentimentos daquela sanhuda mulher? Onde está o Pedrinho? há chance de socorrê-lo?

26

Jayro está desesperado com o erro ou a precipitação da polícia. Ou o cuidado exagerado do criminoso. Ou... será que alguma informação está vazando dali mesmo, de sua casa? Não se afasta um metro do telefone. A mudez do negro aparelho esmaga e causa dor lancinante. Fuma e fuma. E quanto fuma! Como agir com o seqüestrador? — Ó meu Deus!

Só no fim do dia, de novo a voz pastosa, entojada, lá do outro lado da linha. Será um feroz ranger de dentes ou um matraquear de dentaduras, aquele indefinível ruído entre as palavras?

— Traidor! Que covardia você me aprontou, hein? Sabidinho.

Jayro, apesar de ser tido por todos como dono de calma impressionante, abala-se com aquela cotovelada na boca do estômago. A custo vai dando a mil vezes estudada e ensaiada justificativa, com o estoicismo de seus notáveis ancestrais tapajós:

— A polícia também nos controla. Nós da família não falamos nada. Se eles interferiram foi por exclusiva conta deles e eu vejo que só está atrapalhando mesmo. Me desculpa, viu? e vamos tentar de novo. Eu fiz a minha parte inteirinha. Nos dê outra chance. Negócio só entre nós.

Um buracão de silêncio, parecendo não ter fundo. Mas o bandido não desliga. Como se fizesse um grande favor:

— Hmm... vou resolver se não acabo já com a criança ou se volto a te chamar. Mas muito cuidado, muito cuidado ou você perde o filho de uma vez por todas.

O torturado pai nem pode argumentar mais nada, apenas reitera sua promessa de pagar o resgate e não permitir a prisão de ninguém.

Aliás, mesmo com o bina, de novo a polícia não chega a tempo de apanhar o bandido. Tinha chamado de Brazlândia — aquela distância —, de outro orelhão.

27

Novo e martirizante silêncio do cobrador do resgate. Por dias seguidos. Na Casa 13 a família começa a desencantar-se da eficiência policial, mesmo sendo inegáveis alguns úteis esforços dela, mais ainda quando cutucada pela mídia. Nas longas conversas, enfiadas pela noite afora, antigos e novos amigos, desejosos de conseguirem a solução, acabam por decidir procurar, dali para a frente, ajuda sobrenatural. Lia fica mais entusiasmada que o marido.

A mãe, ainda uma vez, de joelhos, suplica a ajuda do padroeiro de seu filho. Afinal, não teria sido por nada que o próprio Filho de Deus, Jesus, escolhera aquele pescador das barrancas do Lago de Genezaré para ser a pedra fundamental de sua Igreja. Mudou o nome de Simão, falando-lhe em aramaico, sua língua materna:

— Kefas. Tu passarás a ser chamado de Kefas.

E assim foi. Kefas queria dizer *pedra*, naquele hoje morto idioma. Virou Petrus entre os romanos, com o mesmo radical semântico, e Pedro chegou a nós. Comprova que a fé tudo alcança, o fato de ter ele, homem pobre e místico, enquanto confiou no mestre, até andado sobre as águas do Mar da Galiléia. Tempos depois, em Roma, no seu apostolado, foi feito prisioneiro de Nero e enfurnado por longo tempo, no sórdido e pútrido Cárcere Mamertino, em soturna gruta escavada no sopé da Colina do Capitólio. Condenado a crucifixão, declarou não merecer igualar-se ao Cristo e pediu para ser seviciado de cabeça para baixo. E assim foi feito, nas fraldas da Colina Vaticana. Sepultaram seu corpo no centro do Circo de Nero, entre o rio Tibre e a Colina dos Vaticínios.

— Então, São Pedro, como a falar dessa última colina, de vaticínios, profetize o futuro de seu afilhado. E que seja bom. Orai por ele.

Se lhe dissessem ser preciso e capaz de dar resultado, a *mater dolorosa* invocaria até o Cego Tirésias, vaticinador de Tebas, para ensiná-la a reencontrar o Pedrinho. Pois ele não havia até coadjuvado, para Édipo descobrir o mistério de seu nascimento?

— São Pedro, Cego Tirésias, Nossa Senhora, acudam todos para o bem de meu filho, pra ele retornar à nossa família e vir conhecer sua casa, o seu lar, pois até isso lhe está sendo negado. A sua casa sim, com todas suas coisinhas. Suas irmãs, seus brinquedinhos, seu pai, sua mãe. Piedade, santos, oráculos, adivinhos, sensitivos. Por misericórdia, ajudem todos.

28

Por fim, Beto torna a ligar. Já demonstra pouco ou nenhum profissionalismo, pois não consegue esconder sua desorganização, deixando até perceber encontrar-se um tanto quanto alcoolizado. Não toma cuidado de saber quem atende. Vai logo fazendo ameaças, dizendo palavras duras, arrasando com insinuações de já ter até matado o Pedrinho. São falas curtas e o bina não permite à polícia alcançá-lo. Disca só, e sempre, de lugares afastados e distantes uns dos outros. Sempre, e só, de telefones públicos.

A própria Lia atende uma das cruéis chamadas do extorsionário. Fazendo imensos esforços, consegue pedir clemência a Beto e, para certificar-se de ser verdade estar ele com o menino, quer a descrição das roupinhas com as quais foi retirado da maternidade.

Outro silêncio de morte.

— Não me lembro. Foi minha mulher quem o pegou e o trouxe de lá.

Para mudar de assunto e talvez para esgaravatar a ferida aberta no coração de Lia, informa:

— A criancinha esteve muito doente. Recusava o leite na mamadeira.

A mãe perde a fala e a ligação cai.

Muitos dias depois — desespero crescendo como avalanche — Beto volta a ligar e passa a negociar com Jayro, com muito vai-e-volta, esquivas, mentiras e injúrias. Vai lhe dar a última, mas última mesmo, chance.

Explica o plano: a mesma caixa deve ser levada à Rodoviária de Brasília e confiada ao motorista do ônibus da Viação Araguarina das oito da manhã, com parada em Alexânia, e deixada no guichê da empresa, naquela cidade já em Goiás, mas perto da Capital da República.

Evaldo — marido de uma irmã de Lia — executa rigorosamente correto o esquema arquitetado. Leva a abençoada caixa ao ônibus. Outros policiais disfarçados, no meio dos passageiros. Descem naquele ponto. Ficam por aqui e por ali, sempre separados. Por outra coincidência não prevista, e nova precipitação daqueles agentes, desesperados para a recuperação do menino — e sentindo-se já no foco dos holofotes da mídia —, prendem, de supetão, um mecânico que fora buscar encomenda de umas peças de automóvel.

Outros azarados, ocasionais acompanhantes do rapaz, entram em cana com ele. Pior ainda, a tal peça se destinava ao carro de um advogado de lá, de nome Dr.... Roberto. Ora, Roberto: Berto. Berto igual a Beto. E mais um inocente, o modesto causídico, passa por maus bocados para provar que pulga não é elefante.

29

Nova séria conferência da família com a própria polícia e integrantes da imprensa, alguns já até confidentes. Terceiro retrato falado será entregue para divulgação. Como os anteriores, não é bem *falado*. É *gaguejado*. Resolução: oferta dos mesmos vinte milhões de cruzeiros, como prêmio para quem der pista segura capaz de levar à recuperação de Pedrinho. Anonimato garantido do denunciante. Mesmo prêmio para quem entregar a Seqüestradora.

Dentro do esperado, o atrevido Beto, até então calado por mais de uma semana, depois da nova tentativa gorada de receber o dinheiro, volta ao cenário, telefonando outra vez. Já não se mostra furioso, mas cínico e debochado:

— Não adianta esta palhaçada de oferta pública de prêmio. Pelos mesmos vinte milhões eu já negociei e entreguei o menino a um casal de gringos.

No mais fundo de seu coração, Lia já se dera conta de que aquele miserável não estava nada de posse de seu filho. Só mentia. Enganava. Tal afirmativa mais confirmou a fundada suspeita, pelas razões anteriores.

Evaldo, sagaz, pede um prazo de um dia para confabular com outros e fazer-lhe uma oferta.

De fato, o canalha, tendo escapado mais uma vez da perseguição policial pela identificação de sua chamada, invariavelmente por orelhão, concorda.

No dia seguinte, Evaldo lhe explica que a família já não mais dispõe, no momento, dos vinte milhões. Testa-o. Mas tem quinze para dar-lhe, com toda a garantia. Sem discussão alguma, sem pechincha, Beto aceita. Voltará a chamar.

Os familiares e amigos haviam resolvido agir por conta própria e conseguiram um mapa com a indicação de todos os telefones públicos e sua localização. Protelam, adiam os tratos e conseguem seguidas ligações do seqüestrador. Nas mãos, uma lista com os números dos orelhões da Esplanada dos Ministérios, da Estação Rodoviária, do Aeroporto, dos Setores Comerciais etc. Assim podem ter uma idéia da mais habitual trajetória do safado.

Pedem à polícia para deixar viaturas de superprontidão, e o bacharel Rogério Bernardino, sempre amável e carinhoso, faz isso e mais: lhes empresta um rádio portátil, com a faixa da polícia.

Nove horas da manhã. A torturante campainha do telefone. Conforme ensaiado, atende uma amiga da família. Ela fica procrastinando até alertar Jayro, Evaldo ou Lia. Chega a fazer-se de desentendida. Os outros correm a conferir o número originador do telefonema. É um orelhão bem em frente ao Ministério da Agricultura. A polícia é avisada pelo rádio. Muito jeitosamente, a amiga consegue ganhar bastante tempo engambelando o bandido.

Todos os carros rumam para aquele lugar. Nada de sirenes.

30

Desconfiado, velhaco, o quarentão, moreno, de pretos e fartos cabelos, um bigode da mesma qualidade, olhos arregalados, pretenso galã, em camisa elegante e desabotoada na parte de cima, bem a propósito de mostrar os hirtos pêlos do peito, percebe o cerco daqueles escuros automóveis da polícia. Apressa o passo, buscando afastar-se, o quanto pode, do orelhão. Começa a correr mas é logo agarrado por fortes agentes, socado no camburão e carregado para a delegacia, com bofetadas nas orelhas.

Nega que nega toda a acusação. Nem sabe de nada mesmo. Tinha ido chamar uma namorada, mulher enganadora do marido e por isso o medo de entrar num flagrante de adultério.

Os dedicados policiais não vão na conversa. Percebem estar diante de um sabido marginal. Por bem, só com agrados, não dirá coisa alguma. Então ameaçam entregá-lo para o interrogatório, ao Canguçu, um agente temido e renegado pela bandidagem. Afamado. Fortíssimo e exímio atirador, fora até condecorado pelos americanos porque quando Eisenhower foi conhecer Brasília, alguém quis atirar nele e caiu no estalo, derrubado por Canguçu. É um barra mais do que pesada. Beto, também sabedor de sua generalizada fama, mostra medo. Depois de mais algum trabalhinho, acaba dando sua verdadeira identidade e nega veementemente estar ou ter estado na posse de Pedrinho. Porém não pode fugir à confissão dos telefonemas para a casa dos pais dele, sabendo do bina e de alegadas — embora não verdadeiras — gravações de sua voz. Confessa ter pedido uma grana, pois está em terrível situação financeira. Mas não era por ter seqüestrado ninguém.

Puxada sua *capivara,* comprova-se seu nome: Adonirã Sartorelli,[*] filiação, estado civil, aquela coisa toda, e a incidência em quatro crimes: de furto, de roubo, de extorsão e de estelionato. Já existem três mandados de prisão, da Quarta, da Quinta e da Vara das Execuções Criminais. A Polinter já tem igualmente interesse nele, por certo diante de crimes tentados ou cometidos em outros estados.

Conta mais: nas duas vezes da tentativa de entrega do resgate, por Jayro Tapajós, ele, primeiro, desconfiou dos lixeiros ao redor e de um não convincente eletricista. Também no bar ao qual foi o mocinho mandado por ele, teve a impressão de ver outros secretas. Na segunda vez, como já trabalhou de motorista e é por demais conhecido da galera dos ônibus, inclusive da Viação Araguarina, ficou distante, em Alexânia, esperando momento adequado, sem ninguém em volta, para pegar a caixa. Mas aí surgiu o tal mecânico atrás de umas peças de carro para o advogado Dr. Berto e a polícia precipitou-se prendendo os homens errados, enquanto ele, o Beto certo, caía fora.

Vigarista e cheio de invencionices, narra ainda ter, no derradeiro contato com a família de Pedrinho, afirmado, com a maior convicção, que o bebê deveria ser entregue a um casal que primeiro o levaria para a Bolívia e de lá para a Europa, mas pelo escarcéu da imprensa, houve desistência. Mentira. Essa lorota ele não contara aos pais.

Depois, ainda tenta desculpar-se, asseverando ter agido apenas para receber o prêmio em dinheiro oferecido pela família e que nunca pediu resgate algum. Só queria a gratificação voluntária.

Uma informação curiosa é a de ter obtido o número do telefone da família de Pedrinho, via funcionários do Hospital e Maternidade Santa Lúcia, sem ter precisado de muita justificativa para isso.

A polícia descobre que Adonirã é cadeeiro velho. Há mais crimes. Só por um homicídio, em outro estado, já puxara mais de quatro anos de xilindró.

Mas não será, no Caso Pedrinho, nem condenado e nem haverá sentença de mérito das acusações, pois em pouco prazo, em algum lugar — segundo voz geral —, é chamado para prestar contas junto ao Altíssimo Julgador. Sem direito a apelação ou *habeas corpus*.

31

Os telefonemas, em sua sinfonia inacabada, requerem paciência aos quilos, por parte da família, a se revezar no atendimento, naquela Casa 13.

Mas como já estão todos desconfiados, logo sabem se é, ou não, caso de trotes. Também há simplórios, bons samaritanos, chamando em horas as mais impróprias, e pobre do pai ou da mãe do Pedrinho. Ladainhas indigestas. Procuram abreviá-las. Além disso, até por um sexto sentido, descobrem logo quando existe procedência e seriedade no telefonema. Ou não.

Assim é com Lia, ao atender voz feminina, de pessoa negando-se se identificar, mas parecendo séria ao dizer que haviam eles errado de embaixada. Pedrinho estava era na dos Estados Unidos, a ponto de viajar, depois de aprontada uma estranha adoção dele.

Por sorte, a funcionária do Banco Central tem um conhecido — brasileiro — na legação americana. Pede-lhe socorro, e ele, no mesmo dia, chama de volta confirmando a existência ali de um recém-nascido, provavelmente no mesmo dia de Pedrinho.

Lia, aflita mas esperançosa, junta-se ao marido, ao advogado Aidano Faria, ao delegado, bacharel Davi Sales, mais um agente seu, e rumam para a enorme embaixada. Na entrada do pátio Norte, o da frente, um imenso rolo com assustadoras lanças que quase espetam os carros impede a entrada. Obrigatório desligar-se o motor. Um funcionário, pelo alto-falante, determina que apenas uma pessoa deve se aproximar do balcão com vidro blindado, dizer o desejado, e se identificarem todos. O amigo de Lia tinha facilitado o ingresso, com o reforço da informação de que virá junto a polícia do Distrito Federal. Cada um tem de preencher uma ficha e juntar com o documento de identidade. Delegado e agente obrigados a consignar suas armas até a saída. Após muita conferência e telefonemas internos, aquele rolo gira e as lanças mergulham no chão, apresentando-se o lado liso e permitindo ao automóvel rumar para um número fornecido, no espaço de estacionamento. É preciso caminhar demais, debaixo do forte sol, para se chegar ao edifício em que serão recepcionados. Mais burocracia e finalmente ei-los acomodados numa sala de tamanho médio. A recepcionista passa a fazer mais diversos contatos telefônicos, sempre se expressando em inglês. Quase uma hora depois entram um cônsul, mais dois diplomatas e o advogado brasileiro Dr. Paulo Rollo.

Relatam a notícia da existência do bebê brasileiro naquela embaixada e desejam vê-lo. O cônsul, acolitado por seus auxiliares, nega isso com veemência e declara, com tradução simultânea, estarem sendo extremamente cuidadosos em matéria de adoção, especialmente após o Caso Pedrinho.

— Não há bebê nenhum aqui.

Tomada por força de onça-pintada, Lia insiste, mas insiste mesmo, com todo empenho, revelando ter recebido confirmação de funcionários brasileiros daquela casa. O cônsul não esconde a surpresa que o toma de assalto. Pede licença ao delegado, em particular, vai para um canto com sua turma toda.

Confabula com o advogado deles e manda chamar uma outra pessoa que não tarda a aparecer, trazendo papéis confessadamente relatando um processo de adoção. O cônsul lê e então explica existir, excepcionalmente, um recém-nascido, menino mesmo, doado por uma pessoa muito pobre a uma diplomata americana. Bastante gentil para com seus patrícios, o Dr. Rollo, muito tenso, tenta prestar satisfatórias informações, explicando o nome da mãe biológica, a maternidade onde nascera, a data e a hora, e pede que o delegado confira tais informações e depois poderiam, se quisessem, agendar nova reunião.

Ainda com toda bravura de fera defendendo sua cria, aquela mãe teima em querer ver a criança, certa da possibilidade de identificá-la ao primeiro olhar, ou não, dispensando-se mais burocracia e gasto de tempo e dinheiro da polícia do Brasil. O cônsul pensa um pouco, fala baixinho com sua turma e declara negar-se a isso, porque a mãe adotiva iria sofrer traumatismos irreparáveis.

Lia não se dá por vencida e continua a insistir, evocando os tão alardeados direitos de cidadania e a democracia da Grande Potência. Novas confabulações com seus acólitos e o cônsul cede um pouco, dizendo que só se misturassem mais cinco bebês para o reconhecimento do verdadeiro filho daquela desesperada senhora. Jayro conclui com isso pela maior existência de razões para as suspeitas.

O bacharel Davi Sales, argutamente, entra no meio para prontificar-se a fazer as investigações no prazo de um dia e marcar-se nova reunião. Os americanos e seu correto advogado brasileiro não têm como escapar.

Confirmado o nascimento naquela indicada maternidade, a data e o momento, a polícia sai à cata da desvalida mãe biológica. Encontrada a mesma, essa, em prantos, declara não saber para quem fora doado seu filhinho, nem que destino iriam dar à criança. Azedou o creme. Só teve contato com uma desconhecida, cuja descrição não coincide com a da Seqüestradora e que estava... sim, estava, profundamente arrependida. Pior: quer o menino de volta.

O bacharel Sales, fazendo valer nossa soberania, exige uma reunião, espécie de acareação, entre as três mães, na sua delegacia. Não era o que Jayro e Lia desejavam, mas consumou-se.

Cenas de miséria humana ocorrem então. A imprensa, ciente de tudo, faz o protocolar estardalhaço. *Mondo cane.* A americana mãe adotiva apenas concorda em levar uma fotografia. Já morre de amores pelo novo filhinho. Lia, contrariada com aquilo tudo, declara não reconhecer o Pedrinho, na foto.

E é então quando, recebida a confirmação de que seu menino vai para um longínquo país estrangeiro, onde será criado por aquelas pessoas de fala de Pato Donald e que nunca mais o veria, a mãe verdadeira cai de joelhos ao chão, implorando para que o devolvam. Tenta, no desespero, arrancar com as unhas tacos meio soltos no assoalho.

Entretanto a adoção já é um ato jurídico, perfeito e irreversível, com a chancela do juiz competente, do Distrito Federal. O doado brasileirinho vai-se embora, com a mãe americana.

Antes da partida, ela ainda mandara convidar Jayro e Lia para a visitarem em sua casa e convencerem-se de como o bebê está muito bem.

Eles declinam do convite, com sua dor aumentada, constatando quantas infelizes mães, como a biológica, chegam ao extremo de entregar seus filhos a outros e que remorso sentem depois. Tarde demais. Lia viu na paupérrima mulher da periferia uma semelhante sua, uma irmã na dor. Na imensa dor moral. E chorou também. Por ambos os nenéns.

32

Um homem tamanho grande, de seus cinqüenta anos, aproxima-se disfarçadamente de uma fenda de recebimento de cartas, no correio da Rodoviária, e ali enfia os dois envelopes selados. Um endereçado ao Dr. Aidano Faria e outro ao delegado Davi Sales, encarregado do Caso Pedrinho.

No meio das muitas pistas maldosas ou brincalhonamente falsas, aquela carta anônima, tão rica de detalhes e endereços, pareceu a ambos merecer atenção. Merece mesmo.

Ele conta ter sido contratado, como taxista que é, para uma longa viagem, primeiro para Belo Horizonte e esticando, depois, até uma praia, no Espírito Santo. Isso para começar exatamente no dia 21 de janeiro passado, data da abdução de Pedrinho. Contrataram-no um médico, Dr. Xerxes* e sua mulher, D. Ivonete,* ele branco, com seus cinqüenta e oito anos, usando óculos de grau, e ela, de uns quarenta e seis. Reconheceu-o da Casa de Saúde Dom Bosco, onde trabalhava, e até o atendera, anos atrás. Lembra-se de ter visto seu nome bordado no jaleco. Levara-o para ajustar a viagem, em seu ponto, alguém numa Caravan Lotus, branca. 1982. Dado o endereço completo na Super Quadra Sul 210, para ali se dirigiu no horário marcado, começo da noite. Esperou cerca de quarenta e cinco minutos, estacionado lá embaixo, até que descessem com malas, o casal, mais um menino, seu filho, e um bebê recém-nascido, carregado com muito cuidado por D. Ivonete. Partiram para a capital mineira, indo diretamente para o luxuoso Hotel Del Rey, onde pararam às dez para as oito da manhã seguinte. O Dr. Xerxes subiu para um apartamento e não demorou mais de um quarto de hora para retornar com um casal alto e bem louro, a quem passaram o bebê, recebido com muito entusiasmo por homem e mulher estrangeiros, europeus ou americanos. Para D. Ivonete foi entregue um pacote e dali já partiram para o estado do Espírito Santo, indo até a praia de nome Piúma, em cujo bairro Jardim de Alá o Dr. Xerxes tem bela mansão. Recebera, como parte do pagamento da viagem, um cheque do Banespa, agência W3, conta conjunta em nome de Dr. Xerxes de Morais e Ivonete Menezes de Morais, cujos números havia anotado, antes de descontá-lo, pois ficara meio desconfiado com aquela história da criancinha e da entrega aos gringos. E o pacote dado, que poderia ser de dólares. Aquele doutor também falava ser coronel-médico da Polícia Militar. Sem mencionar de que unidade da Federação.

Se houver interesse, comunicado pelas futuras notícias dos jornais, e lhe derem toda a segurança, inclusive não divulgando seu nome, apresentar-se-á à autoridade policial para tudo fazer a fim de se esclarecer o mistério do Caso Pedrinho. Nada assina.

Novas e bombardeantes notícias pela mídia toda. Primeiro passo foi investigar aquele suspeito. Confere o endereço da residência na SQS 210. Na verdade existe uma Caravan Lotus branca, 82. É da filha dele. O taxista nunca foi encontrado para confirmar na polícia a sua denúncia.

Uma equipe da Primeira Delegacia de Polícia do Distrito Federal desloca-se para Belo Horizonte. Ali é obtida a confirmação de um casal, sueco, ter estado hospedado naquela perguntada data. E, ao sair, levava um recém-nascido. Apura-se que tinham estado primeiro no Rio e depois, entre 18 e 21 de janeiro, permaneceram no Garvey Park Hotel, em Brasília, de onde saíram uma vez, sem encerrar a conta, indo para o Hotel Del Rey em Belo Horizonte e ali retornando, quando devolveram o apartamento do Distrito Federal.

Pelas fichas de hospedagem, a polícia descobre o nome daquelas pessoas, portadoras de passaporte da Suécia: Hansen Lindelof* e Karen Andersen.*

Para a viagem até o Rio de Janeiro, preferiram utilizar o aeroporto dos Confins, bem mais distante que o da Pampulha, de onde também há vôos regulares. Partiram tão logo receberam a criança. E mais depressa ainda, para Paris, menos de quarenta e oito horas após.

Tudo levando à conclusão de ter sido achado o Pedrinho.

33

A cúpula da polícia se reúne mais uma vez. Reexamina, detalhe por detalhe, o Caso Pedrinho. Ressalta a evidência de serem muito inconseqüentes e até contraditórios o comportamento e as declarações da enfermeira Justina. Deliberam intimá-la de novo, para explicar tudo. E mais uma vez é ela minuciosa em descrever detalhes da Seqüestradora, como seu vestido azul, sapatos, pulseiras tilintantes, sua altura, seus longos e negros cabelos, elegante forma de andar, seus óculos escuros, a grande bolsa dobrada, trazida ao retornar, a cor de sua pele. Tudo. Tudo menos... o rosto. Nunca o viu — volta a garantir — nem se esforçou para isso.

Conta até os minutos em que a espertalhona abriu a porta do Quarto 10 e ficou olhando, inquieta, o corredor, *como se estivesse esperando algum sinal.*

Nada de estranho deduziu, quando entrou naquele Quarto 10 para avisar que ia sair para o almoço e constatou estar a Seqüestradora dentro do banheiro, com a parturiente, atitude inusitada e contra as normas da maternidade.

Indagada pela autoridade policial por que não interferira buscando esclarecer aquelas estranhas ações, desculpou-se imaginando tratar-se de alguma pessoa da família, muito íntima. Mas antes declarara ter ouvido tal estranha mulher apresentar-se como assistente social, sendo certo que tal cargo, há anos — bem sabia —, tinha sido extinto no Santa Lúcia.

Um dos delegados, enfarado com tanta patacoada, já diz aos outros que vai requerer a prisão preventiva dela. Como co-autora. Mesmo não se tendo idéia certa da identidade da autora. O que não deixa de ser esquisito.

Mais informa a trapalhona: a encarregada de transportar bebês para o berçário é ela própria e não sabe justificar sua não intervenção ao ouvir a Seqüestradora armando desculpas para ela mesma levar o Pedrinho, supostamente carecendo de urgente assistência médica.

Perguntada como, se nunca viu o rosto da Seqüestradora, ter descrito ser uma bonita mulher e sobre outras injustificáveis contradições, sentindo-se muito apertada, apela para a rasgada desculpa de ter ficado com medo de que aquela mulher, por vingança, viesse a fazer algum mal contra seu próprio filho.

Colegas de Justina — diariamente suas companheiras do ônibus no qual se dirigiam para o trabalho — historiam ter a mesma, pouco antes do sumiço de Pedrinho, declarado estar muito alegre pois, em breve, todos iriam vê-la em vida diferente, cheia de grana, porque iria receber uma bolada. Como sempre se confundia e confundia os demais, ao explicar a origem do dinheiro que lhe seria pago. Falava até estar tudo planejado para mandar às favas aquele emprego e que breve retornaria ao seu estado natal.

No seu primeiro depoimento, Justina não falou ter deixado seu posto para ir almoçar. Deu outra desculpa: ia fazer uma consulta e pedir uma receita de remédio controlado, ao Dr. Damião. Esse médico, prestando declarações no inquérito, nega tê-la atendido naquele dia e sequer viu a mesma em seu consultório. Sua secretária Fanny poderia confirmar isso. Entretanto foram encontrados por ele exames laboratoriais deixados por Justina, naquele dia, em seu consultório, talvez por esquecimento, e pede a juntada dos mesmos aos autos. Ali estão, em papéis separados, resultados de exame de urina, de parasitologia, de glicose, de bilirrubina, de imunologia e hematológicos. A secretária Fanny confirma tudo isso e acrescenta que nunca mais ninguém voltou lá para pegar os referidos exames.

Justina insistia na polícia, ter sido atendida pelo Dr. Damião, para consulta, naquele dia do desaparecimento de Pedrinho.

E completava sua história dizendo ter estado, dez anos atrás, internada em clínica para doentes nervosos, na cidade de Goiânia, capital de Goiás.

34

O homem da área de saúde, acusado de ter levado o bebê para o Hotel Del Rey em Belo Horizonte e o entregue ao casal de estrangeiros que deu em troca um pacote, presta depoimento no inquérito policial. De forma intrigante identifica-se como tenente-coronel cirurgião-dentista da Polícia Militar, já na reserva remunerada — RR —, mas logo adiante declara trabalhar como *médico* anestesiologista num hospital do Plano Piloto.

O Dr. Xerxes confirma ser natural do Rio Grande do Norte mas morador de Brasília desde 1971, ter residido no endereço indicado pelo taxista e que sua mulher tem mesmo o nome que esse deu. Sua filha possui na verdade aquela Caravan, só que não a dirige pois tem apenas 17 anos de idade. (!)

No dia do sumiço de Pedrinho, estava de plantão no centro cirúrgico do hospital onde trabalha. Dois dias depois realmente viajou, com a esposa e filhas, só que para Sorocaba, no estado de São Paulo, a fim de assistir à formatura de seu filho. Foi utilizado o mencionado veículo Caravan. Dali fora para Piúma, no Espírito Santo, nas proximidades de Guarapari, onde possui uma casa de veraneio, na qual permaneceu de férias, até ao final do mês. Nega ter viajado para Belo Horizonte no fatídico dia 21 de janeiro, negando mais ainda ter transportado qualquer recém-nascido para lá ou para qualquer outra cidade. Confirma ainda mais: tem conta conjunta, com a esposa, na referida agência do Banespa, da SQS 504. Atribui falsa a acusação contra ele feita, por algum desafeto, bastante conhecedor de sua família. Na verdade tem alguns inimigos, inclusive de sua mesma profissão, e um parente, mas prefere não indicar nome de nenhum, por não ter certeza.

D. Isalete, ouvida em seguida, reproduz o mesmo álibi do marido e chega a ponto de indicar um próprio cunhado como responsável pela calúnia constante da falsa carta e mais falso remetente. Tal cunhado não tem bom relacionamento com a família pois é praticante de atos anti-sociais e dolosos. Não consta dos autos a identificação do, por si mesmo, intitulado taxista. Nem foi ouvido o cunhado, suposto caluniador.

Mas, indubitavelmente, a existência dos suecos no Garvey Hotel em Brasília, no dia do seqüestro de Pedrinho, sua hospedagem no Hotel Del Rey de Belo Horizonte e sua saída de lá para o Rio com um recém-nado e viagem rápida para Paris, estão de sobejo provadas. Mais do que provadas. Tudo indica muita proximidade do fulcro do mistério.

35

Novamente intimada para prestar esclarecimentos na Primeira Delegacia Policial da Asa Sul, a auxiliar de enfermagem Justina já se faz acompanhar de advogada com válida inscrição na OAB. Volta atrás e pede para ser retirada a informação de que ouvira a Seqüestradora identificar-se como assistente social e ainda de que tal mulher usava pulseiras e relógio. E sublinha principalmente querer retificar o inexato em suas declarações anteriores: não tem medo nenhum de que aquela Seqüestradora venha a fazer mal a seu próprio filho. Mas confirma já ter baixado ao hospital por problemas nervosos.

É impetrado um *habeas corpus* para Justina não ser identificada criminalmente, mas denegado, recomendando o juiz, apenas, que seja mantido sigilo sobre esse fato processual, salvo para efeito de informações ao Ministério Público.

Aparecida,* auxiliar de nutrição do mesmo Santa Lúcia, presta na polícia informações das mais graves contra Justina: oito dias antes do furto de Pedrinho, aquela auxiliar de enfermagem, depois de lamentar-se muito de sua vida, confidenciou-lhe que se desse certo, iria sair de férias e reencontrar sua mãe, já há mais de oito anos sem vê-la, e com muito dinheiro. Interrogada se estava para ganhar na Loto, disse não. Ia enriquecer de outra forma. Tais palavras, mais o noticiário da imprensa sobre o Caso Pedrinho, deixaram Aparecida muito pensativa e preocupada.

Outra colega, Maria Durval,* declara ao delegado que aproximadamente uma semana antes do sumiço de Pedrinho Justina lhe dissera que estava para regressar a sua terra natal com uma grana alta e que iria passá-la na cara de uma tia que a maltratara quando era criança. Não podia contar como obteria o dinheiro, mas era coisa grossa, muito grossa.

Na sua vacilação constante, há mais um detalhe curioso: Justina, que tanto se queixava da vida e das privações, por falta de dinheiro, em outro momento do inquérito policial informa, sob compromisso, possuir seis milhões de cruzeiros, aproximadamente, numa caderneta de poupança da Caixa Econômica Federal.

Em face de tudo isso é ela indiciada como co-autora do crime contra o exercício do pátrio poder, dos pais de Pedrinho, e manda a autoridade policial seja formado um processo à parte. Isso já em 17 de novembro de 1986.

36

A Polícia Federal apura mais sobre os suecos. O marido tem 68 e a esposa 69 anos de idade. O filho deles, Thakan,* engenheiro, trabalha e reside no Rio de Janeiro. Sua mulher não consegue engravidar. Os pais deliberaram presenteá-los com um filho e vieram a nosso país para fazer uma adoção, se preciso, *à brasileira*, como já foram informados existir por aqui. Forma muito mais rápida. Seguiram toda a rota principal das aquisições, extra ou supralegais, de recém-nascidos. Do Rio foram para São Paulo, de lá para Foz do Iguaçu, onde se demoraram uns dias, partindo dali para Cuiabá, depois Brasília, hospedando-se no Garvey Park Hotel, de lá para Belo Horizonte, Brasília de novo, no mesmo hotel, retorno à capital mineira, onde receberam a criancinha, seguindo para o Rio e daí para a França e Suécia, tendo deixado o bebê com filho e nora.

A Interpol, por seu braço sueco, promete ajudar e apura, graças ao trabalho do agente Sture Nilsen, de Estocolmo, que Thakan e sua mulher retornaram do Brasil para a pequena cidade de Karlstad e ali vivem com uma criança trazida do Rio de Janeiro com eles. Não sabe explicar de que sexo.

Sture Nilsen subscreve a Mensagem 855/86, remetida à sua congênere brasileira, informando não ser possível confirmar ou desaprovar as declarações dos patrícios suspeitos, em especial sobre o que fizeram no Brasil. Daí pedir detalhes adicionais. São necessárias informações relevantes sobre as pessoas acusadas. Elas dizem que apenas efetuaram uma viagem de férias ao Rio para visita ao filho ali residente e funcionário de uma firma sueca. Permaneceram no Brasil de 27 de dezembro de 1985 até a noite de 24 de janeiro de 1986, quando voltaram para a Suécia, viajando pela Air France. O casal confirmou ter-se hospedado no Hotel D'El Rey de Belo Horizonte, mas nunca sequer falaram em adoção de crianças nem foi levada nenhuma delas. Aqui reside o ponto mais contraditório, pois antes aquele mesmo agente havia dito viver uma criança com o jovem casal então morador do Rio. Ele só não havia confirmado o sexo. Alguns jornais brasileiros publicam a notícia de que uma delegada da Polícia Federal é autora de um bem instruído relatório, cuja conclusão é de, realmente, ter Pedrinho sido levado para a Suécia, e que faltava maior entrosamento com a Interpol daquele país, carente ainda de convênios de reciprocidade. Tal relatório nunca foi mostrado aos pais de Pedrinho.

Vizinhos do engenheiro sueco, durante sua estada no Rio, declararam à Polícia Federal estarem ele e mulher voltando a residir na Suécia, porque ela iria ganhar neném e preferiam que nascesse na pátria dos pais. Só que ninguém via o menor sinal de gravidez na moça. Causa estranheza também o fato de jamais ter sido ouvido em delegacia ou juizado de menores qualquer dos dois alienígenas, a respeito das suspeitas sobre o recebimento de um bebê entregue, primeiro, em Belo Horizonte, aos pais dele. Mereceria maior atenção o ponto, confirmado depois, pela ficha de entrada no país, da Polícia Federal: a jovem nora é enfermeira. E enfermeiras são cientes dos hábitos de hospitais e maternidades, em qualquer parte do mundo.

O mais grave: um delegado federal teve de ir à Itália, a serviço, e de lá foi autorizado a esticar a viagem à Suécia e voltou dizendo que aqueles ex-moradores do Rio tinham mesmo, consigo, uma criança. Só que era menina. Seria mesmo? De se lembrar a imensa muralha lingüística do dificílimo e tão pouco falado idioma sueco, sempre levando a uma triangulação com as muletas do inglês ou do francês — quiçá também do espanhol — e possibilitando fáceis equívocos nas informações, inclusive quanto ao sexo.

Constata-se serem as declarações dos suspeitos opostas ao que descobrira o Agente Nilsen: o casal que morara no Rio tinha agora um menino em sua companhia, na Suécia. Depois não confirmou nem, às expressas, desmentiu o sexo.

37

Saulo de Avelar,* com tantas olheiras, semelhava ter passado graxa preta de sapato debaixo dos olhos mortiços. Inquieto, a sós na madrugada, na sua casa incorporada à grande Materiais de Construção Palácio, de sua exclusiva propriedade, na longínqua cidade-satélite de Brazlândia, decide-se a fazer seu testamento.

A gente do povo confunde demais, principalmente influenciada pelas fitas de cinema do estrangeiro, onde as coisas são muito diferentes. Pelo Código Civil de então, existem três tipos principais de testamento: o público, o cerrado ou místico — em completo desuso — e o particular. Qualquer deles sempre formal, solene, com exigências sacramentais, implicantes em nulidades se, mesmo de leve, violadas. Cinco testemunhas são necessárias. Indispensáveis. Em qualquer das modalidades. Para seu desejado testamento particular, Saulo agarra um comprido e largo bloco de orçamentos de sua firma, timbrados, e por sobre linhas horizontais e verticais da discriminação das mercadorias, quantidade, preço unitário e total, foi declarando sua última vontade, esquecendo-se de fazê-lo testemunhadamente. Com caneta esferográfica ora azul, ora verde.

Primeiro arrolou todos os seus bens, dando os respectivos valores. Era coisa toda vida: prédios comerciais, galpões, chácaras, apartamentos e casas. Lojas e uma lotérica. Cerca de cem vacas mestiças, girolando, de alta qualidade e produção. Muitas linhas telefônicas, então bastante valiosas. Um saveiro para passear no lago de Brasília. Um automóvel sedã Volksvagen e um Logus novinho em folha, mais uma motocicleta Honda. Títulos remidos de importantes clubes. Uma carabina Puma, 38, uma pistola semi-automática 7.65, ambas registradas, um rifle 22 e mais duas espingardas de chumbo, sem registro, uma delas a tremenda 12. Bons saldos em contas bancárias, correntes, e de poupança. Parte social em uma padaria e enorme estoque, descrito sem muitos detalhes mas concluindo que, diante da corcoveante inflação, quase nada se diz quando se fala um valor em moeda nacional ou um pouco menos enganável, em dólar americano. Sendo assim, esclarece ele, numa comparação, um ponto de referência: seu patrimônio dá para comprar 180 automóveis Volkswagen, fusca. Isso mesmo: cento e oitenta. Tranqüilo. Sobrando troco.

Indica possuir um elevado seguro de vida em determinado banco e relaciona seus vários cartões de crédito.

Narra ter uma ex-amante, sabedora do segredo de seu cofre, a qual antes de abandoná-lo, abriu a caixa-forte, à socapa, de certa feita e de lá tirou uma grande importância em dinheiro vivo. Brigam às foiçadas. No claro e no escuro.

Adiante faz gravíssimas acusações contra uma chilena, muito amiga de sua ex-companheira, e de outra, casada com um americano. Mais pessoas não escapam das imprecações. Alonga-se em lamuriar-se pela consciência de que acabarão roendo, como ratos, aquela fortuna, penosamente ajuntada. Perde-se em acusações e lamentos. Está deprimido pelos muitos logros e traições de que declara ter sido vítima. Por mulheres e por homens.

Historia ter até sido mira de um atentado, após perceber que o seguem por muitos dias. Aí escreve: — Vendo um grandalhão aproximar-se a pé, de meu carro, não tive dúvidas, numa rua deserta, onde me encantoou com seu veículo. Mandei bala.

Confirmando seu neblinoso estado de espírito, confessa relacionamentos e trabalhos maus, com pais-de-santo, magia negra, feitiçaria e outras coisas parecidas.

Findos aqueles longos relatos, recosta-se um pouco na cama. Porém sua agitação é tanta, que nem cinco minutos são passados e ele se levanta, procura e acha logo a comprida caixa de papelão pardo, dela retira a espingarda calibre 12. Com uma flanela limpa-a bem, principalmente o cabo de madeira envernizada — nada de palmilhas de dedos. Alinha duas cadeiras, afastando o criado-mudo, uma de costas para a outra. Amontoa grossos volumes encadernados da escrita da firma, sobre cada qual e em cima delas, engenhosamente, fixa a arma, deixando um forte e fino fio de linha de pesca número 100 amarrado no gatilho.

Tal fio atravessa a janela do quarto e vai para o quintal, onde Saulo, dando a volta, chama seu gigantesco cachorro fila.

O pretão vem e nele é colocada a coleira, o mais apertado possível. A qual tem uma argolinha. Na ponta da linha de pesca, um forte anzol para jaú. É feito um teste e confirmado que ele se ajustará àquela rodelinha.

O bravíssimo e puro fila, Tatão, foi criado por Saulo como um bebê. Agora conversa com ele, como com gente grande. Birra imensa, desde pequenininho, tem o molosso contra bichanos. Logo começou a entender aquela odiosa palavra que o dono gritava e era indício para ele sair Ayrton Senna, saltar em cima do felino e liqüidificá-lo com as mandíbulas de aço, meneando a cabeça numa velocidade louca: — Gato. Grito de guerra. Berro para atiçar camicases. Banzai. Palavra encantada. GATO.

O angustiado homem volta para seu quarto, ajeita o aparato de forma a ficar a chumbeira apontando certinho para sua cabeça, à queima-roupa, estando ele sobre o travesseiro, como se dormisse.

O plano é fazer com que, puxado o gatilho pelo Tatão, seja o dono morto, a arma caia no chão, já então se desamarrando, cordel liberado da coleira do cachorrão e, na barulheira, trombadas e caos, deixando a polícia diante de um caso insolúvel, pois não haverá impressões digitais na arma e nem se poderá pensar em suicídio, hipótese que garantiria à companhia seguradora esquivar-se de pagar o benefício pela vida de Saulo a seus filhos. Raciocínio doente.

Volta ao quintal. Dá bastante comida guloseima ao Tatão, largando-o deitado, como de hábito, preguiçoso e sonolento. Baita pança entulhada. Retorna ao quarto, coloca um cartuchão importado, especial, carga dupla, pólvora negra, chumbo 3T, tamanho longo — grossura de um dedo — na agulha, volta a passar a flanela pela arma inteira, lança longe o pano que cai sobre um guarda-roupa e puxa o cão da espingarda. Trava no gatilho conferida estar desativada. Arma livre. Ele começara a ter essas idéias, já no seu obnubilado cérebro, ao notar que os dois bichos, apesar de figadais inimigos, nas armas de fogo estão próximos e aliados, tornando-se indispensáveis para o tiro: o cão e o gato... gatilho. Daí... Cão... cão. Eureca!

Ajeita-se na cama, confere a linha do tiro, afofa o travesseiro sob a cabeça, deixando sua fronte bem no rumo do buraco do cano. Inspira e expira por três vezes. Enche o pulmão completamente, faz o em-nome-do-Padre, e esgoela:
— GATO.

38

O presidente Sarney, após o almoço, está retornando do Palácio da Alvorada para o do Planalto, no já antigo Landau negro da Presidência da República, com sua respectiva bandeirola de um lado, e a nacional de outro, dos pára-lamas dianteiros.

Em plena Praça dos Três Poderes, um grupo de pessoas o aguarda em frente à entrada da garagem privativa. De longe, ele nota as muitas crianças. Seus batedores nas enormes e rosnantes motocicletas vão abrindo caminho e fazendo a segurança. Guarda-costagem no carro de trás. Percebe-se logo ser pacífico o movimento. Há muitos cartazes e faixas, chamando-o pelo nome. Uma das filhas de Jayro, montada no pescoço do pai. Ela segura um grande cartão com o pedido para achar seu irmãozinho. Todos os outros apelam com os escritos para a condição de pai e de avô do presidente. *Vovô Sarney: nós amamos nosso Pedrinho como o senhor ama seus netinhos. Ajude-nos a salvar o bebê.*

Querem o auxílio pessoal e especial dele. José Sarney, batendo nas costas do motorista, ladeado por corpulento segurança, determina redução da velocidade. Varre com o olhar a paisagem inteira. Nota tudo. Até as nuvens de pombos multicores. — *Devolvam-nos o Pedrinho.* — *Ajude-nos, Presidente.* — *Por todas as mães do Brasil.*

O chefe da Nação recebe com sorrisos os beijos que as criancinhas lhe mandam nas pontas dos dedos. — Deixe-as vir a mim. Reconhece Lia e o marido, pelas fotos da imprensa. Responde-lhes forte aos acenos, rolando o vidro para baixo e quase colocando a cabeça para fora. Ouve cânticos e o refrão implorando para a volta do Pedrinho.

Sua alma de escritor o deixa comovido. Muito. Líquido nos olhos.

Manda prosseguir e o carro mergulha na entrada do soberbo Palácio.

A turma se dispersa em frente, sob palmas dos circunstantes. Inclusive os muitos turistas que visitam a capital. Alguns estrangeiros, curiosos, buscando entender a razão daquilo.

Na Sala de Despachos, a primeira coisa que o presidente faz é chamar seu secretário particular. Dá-lhe algumas instruções a respeito daquele caso e manda seja remetido imediatamente um telegrama para os pais de Pedrinho, convidando-os para uma audiência com Sua Excelência, o Senhor Ministro Chefe do Gabinete Civil, Dr. Hugo Castelo Branco.

No dia e hora certa, o casal e sua filha mais velha estão à espera do Senhor Ministro. Ele não se demora e entra na bela sala, com um ar muito simpático. Ouve atentamente as reivindicações e diz estar autorizado pelo presidente a colocar a Polícia Federal em ação, no Brasil e no Exterior, para se achar logo o Pedrinho. Pelo clima altamente democrático, Jayro se anima a estimular a menina a entregar uma carta, por ela, de iniciativa própria, escrita ao chefe da Nação, reiterando o pedido de ajuda para encontrar seu irmãozinho. Lia, uma escritora nata, dera toques e retoques na missiva ao outro escritor. O presidente respondeu, assinando de próprio punho o seu bilhete, três dias após, reiterando a mão prometida. Só que ela não foi das mais fortes.

Lia, retornando à Casa 13, redige mais uma animada cartinha, agora para o filho sumido. Conta-lhe do pedido da proteção direta do presidente da República e da promessa de socorro. Em algum lugar da Terra, o bebezinho se mexe no berço e em seus lábios esvoaçam-lhe sorrisos. A mãe junta essa carta a outras e a bilhetes. Compra um livro todo de folhas em branco, só com pautas, e ali redige mais mensagens:

— *Até o dia em que você voltar. Queridinho, você nem imagina como nossa vida está de cabeça para baixo. Parece que jamais voltará ao normal. A vontade de te rever permanecerá em mim, mesmo que o Mundo acabe.*

39

Explosão. A cabeça — ou o que dela restou —, rachada como a machado, cai ao chão pelo outro lado da cama, seguindo a massa cinzenta e o rubro, quase preto, do sangue, precedentes. Tudo pela contundência do tiro a trinta centímetros. O olho esquerdo, soltando branca pasta, como de dentes, vai parar mais longe ainda. Uma vidraça estala e trinca-se com o estrondo.

Quando a polícia chega, na abertura do expediente, encontra bem à vista, o *testamento*. Relatos mais completos procuram demonstrar que o morto se considerava jurado de morte. Na primeira página há, em letras gigantes, a palavra *ATENÇÃO*, seguida de orientações para serem avisados um filho dele, uma indicada ex-namorada e um advogado, cada qual com dois telefones adiante. Pois temia muito um atentado.

Explica ter levado sua pistola 45, com brasão da República, para uma tal de Lourdes Mãozica — mãe-de-santo — benzer e fechar o seu corpo, o que já tinha sido feito mas ela ainda não havia devolvido a poderosa arma.

Confessa ter sido processado por um acidente de trânsito, faltando indenizar o rapaz vítima pela perda das funções de uma perna. A causa está no fórum de Taguatinga.

Fixa uma pensão mensal para todos os filhos, sem dizer de onde sairá, na sua falta. Ainda mais confusa é a condição de lhe ser devolvida a guarda de um filho menor, se a mãe discordar da mensalidade concedida a ele.

Alerta para muitas dívidas junto ao governo, especialmente de ICM, PIS, Finsocial e até IPTU. Seus veículos têm muitas multas.

Determina que seu inventário seja iniciado logo e espera receber cobranças de umas pessoas da macumba, com as quais até deixou uns cheques pré-datados e ali relacionados. Se houver demora, a ex-companheira vai torrar todos os bens e dinheiro. Ela, além da primeira, de outra feita, aproveitando-se de uma viagem mais demorada dele, chamou um chaveiro, mandou abrir outro cofre, do escritório, e dali tirou pesada importância em dólares e em gaita brasileira mesmo.

Mas, afinal, o que tem essa história toda a ver com o Caso Pedrinho?

É um gravíssimo parágrafo do *testamento:* sua ex-concubina aliou-se com Carmen Salcidos,* uma chilena que trabalhava de enfermeira no Hospital e Maternidade Santa Lúcia e com ligações em outros análogos estabelecimentos, mas na casa dela, perto da Fazenda do Gaúcho, havia muitos berços, para crianças que ela comprava logo depois dos partos de suas mães, ou seqüestrava outras. E as vendia, principalmente para pessoas de embaixadas, chegando a ser amiga íntima de embaixadores de pequenos países. Um dos bebês teria sido o Pedrinho, subtraído quando ela fora funcionária naquela maternidade. E, em tal ocasião, a ex-amante, na época separada dele, foi à Disbrave — concessionária Volkswagen —, comprou um Santana, pagou à vista, nota sobre nota, em cima do capô, e sumiu para a cidade de Chuí, na divisa com o Uruguai, ficando da banda de lá da fronteira.

Aqueles seus inimigos, acardumados, ameaçavam-no seguidamente denunciá-lo como chefe do seqüestro do Pedrinho, jurando com as mãos sobre Livro Santo, na frente de autoridade civil ou militar. Isso para quem já estava com a mente desarranjada...

Agentes de todas as polícias, inclusive da Polinter e até Interpol, viviam entrando em suas lojas, à procura daquela que escapou para o Uruguai.

Aponta como chamativo de atenção, e a pedir investigações, o fato de tal chilena ter três maridos, um compatriota, um americano e um brasileiro e viver viajando para fora do país, sempre mostrando possuir cédulas de dólares americanos e canadenses. Tinha até ouro puro mil por mil, em barrinhas. Mulher da pá virada.

As relações de amizade de sua ex-esposa são tão recrimináveis que até uma sobrinha dela puxa cadeia porque mandou matar o marido via macumba, sendo toda a família exímia no exercício da pior feitiçaria e de magia negra. Com ele, por mais de ano, vinham tentando liquidar também, a ponto de terem envenenado seu almoço, num sábado em que ele iria comer sozinho, mas desconfiou de umas bolinhas escuras, do tamanho de caroços de azeitonas miudinhas, no meio da salada, para serem confundidas até com pimentas-do-reino, inteiras — ou jurubebas. — Eu, hein? Disfarçadamente guardou algumas no bolsinho da calça e mandou examiná-las em laboratório, estando à espera do resultado a vir de Goiânia.

Como não estava dando certo o assassinato por coisa ruim na comida ou na bebida, a perversa havia mandado buscar em Sergipe um pistoleiro, parente distante dela e já tinha até providenciado um carro para sua fuga, depois de cumprido o contrato. Tal jagunço já havia aparecido em sua loja, com uma desculpa besta, muitas perguntas, mas queria mesmo era conhecê-lo e não errar de pessoa na hora dos balaços.

Nessa ocasião, Saulo relata ter telefonado para um grande e influente amigo de Aracaju, narrando-lhe o ocorrido, e ele, com a polícia de lá, conseguiu chegar à ficha de um indivíduo muito perigoso, parente de sua ex-amante, cujas características físicas combinavam com as descritas e já tinha várias condenações por homicídio, sendo mesmo foragido da penitenciária estadual. Barra pesada, completava.

Um homem e uma mulher estariam lhe ligando, dia e noite, ameaçando-o de morte e de arrasamento financeiro, com mais de cem ações judiciais a serem propostas e já em finais preparativos. E a acusação do furto do Pedrinho.

A polícia de Brasília, em conjunto com a Interpol, vai para o Chuí atrás dessa nova pista.

Quanto a Carmen Salcidos, são necessárias inúmeras diligências e viagens para a constatação irrefutável de que se trata de uma aventureira internacional, ora estando nos Estados Unidos, ora fixando-se temporariamente no interior do Piauí, ora processada em Brasília, por duas vezes, por delitos de trânsito. Entrou no Brasil via Uruguaiana, no Rio Grande do Sul, como mera turista, mas exerceu o cargo remunerado de enfermeira, passando-se por formada na Universidade de Santiago. Também foi corretora de imóveis e sócia em incorporação de prédios de apartamento, em Teresina. Residiu numa chácara em Padre Lúcio, Goiás, onde dava festas de arromba, com muito uísque estrangeiro rolando fácil. E boi inteiro para churrasco. No rolete. Um tipo melhor do que a encomenda. Enfim, sumiu.

40

A polícia do Distrito Federal, pela comissão criada especialmente para elucidar o Caso Pedrinho, passa a ser auxiliada pelo Ministério Público. Evidenciam-se o carinho e a solidariedade por parte deles para ajudar os agoniados pais e demais familiares. O procurador-geral designa o promotor de Justiça Dr. Lucídio Bandeira Dourado para acompanhar o caso. Muito bem-intencionado e bastante humano, recebe, em sua sala, Jayro Tapajós e se inteira de todos os detalhes da desafortunada ocorrência. Vai atrás do inquérito policial distribuído à Oitava Vara Criminal de Brasília e, após um mês de estudo dele, impressiona-se com muito séria pista.

O advogado Marvan Soares,* ex-integrante da polícia, mantém, junto com sua mulher Luciana,* uma estranha organização para conseguir crianças e fornecê-las aos interessados em adoção, mediante paga pela sua interferência e auxílio. O Dr. Lucídio vai ao Rio de Janeiro onde existem indícios de que Marvan tem ligações com organização semelhante. Conjuntamente com agentes federais fica comprovado ser aquele casal atuante em adoções internacionais, existindo até uma contadora responsável pela escrita regular, do negócio.

Vão parar também na cidade mineira de Frutal, onde conseguem cópias de um flagrante e respectiva prisão daquele advogado e outro, também sócio dele. São indiscutíveis as relações com uma moradora da Candangolândia, no Distrito Federal, especializada em fazer-se passar por mãe natural, doadora de filhos seus.

Na mesma época, estouram mais escândalos de irregulares adoções internacionais, em Goiânia, capital do vizinho estado. Havia crianças levadas para a Bélgica. Principais suspeitos, o mesmo Marvan e a mulher da Candangolândia.

Até em Luziânia, tão pertinho, outras criminosas atividades, com o mesmo objetivo e protagonizadas pelos mesmíssimos suspeitos.

A Polícia Federal dá continuidade a um detalhado dossiê a respeito, chegando aos pontos internacionais.

Mas o Dr. Lucídio está cumulando as funções de promotor do Júri de Taguatinga, funcionando em média, em três dos exaustivos e infindáveis julgamentos pelo tribunal popular, por semana. É demais. Apesar de seu entusiasmo e dedicação, falto de tempo, é obrigado a pedir, como pede, afastamento do Caso Pedrinho.

Continuando seu trabalho, a polícia descobre outro advogado do Distrito Federal — João Constantino* —, que aparece em grandes manchetes de vários jornais como autor de venda de crianças para o exterior. Ao preço médio de oito mil dólares cada, sendo os meninos mais caros e com tal preferência, muito nítida, por parte de casais de Israel. O Estado precisa de futuros soldados, para as guerras eternas em que vive. Declara o DPF à mídia, que comprovaram a venda de mais de cinqüenta crianças. Mas sem provas, jamais, de qualquer interferência, direta ou indireta, do governo daquele país.

Em princípio, e com base na legislação brasileira, mais a idoneidade de inatacáveis juízes de Menores que anteviam melhores dias para as miseráveis crianças brasileiras, em países do Primeiro Mundo, muitas dessas adoções eram corretas.

Nada de reprochável. No Juizado de Menores do Distrito Federal, a cada semana há novas dez crianças abandonadas. Em compensação, duzentos casais — inclusive de estrangeiros — aguardam para adotar. Que dizer então de um índio-europeu, de olhinhos azuis? O Pedrinho?

Aquele advogado esqueceu numa estação ferroviária de Milão, na Itália, uma pasta sua, contendo, dentre outros acusadores documentos, recibos pela venda do produto em que se especializara: *bambinos.*

Um italiano encontrou a pasta e percebendo ser de cidadão brasileiro, entregou-a ao consulado de nossa pátria. Ali se descobriu até um *Mostruário,* álbum com fotografias das crianças oferecidas aos futuros pais adotivos.

O consulado brasileiro na Itália informa sobre centenas de crianças brasileiras adotadas e vivendo naquele país. Pedrinho poderia estar entre eles. O advogado João Constantino é ouvido pela Comissão Especial da Polícia do Distrito Federal, sobre o Caso Pedrinho, mas nada se consegue provar para acusá-lo de qualquer envolvimento. Só suspeitas.

João Constantino, segundo relata a Polícia Federal, viajava habitualmente para a Suécia, Itália, França e Suíça e às vezes recebia prensas dos seus clientes pela demora nas entregas, como um pediatra italiano a reclamar — enfezado toda vida — por já ter pagado o preço e não ter recebido o seu *bambino.*

Um delegado federal completa as informações dizendo ser comum naqueles países quando, apresentado a uma família, alguém, notando nela um filho de pele mais escura, perguntar aos pais, com naturalidade:

— Onde foi que vocês o compraram?

41

Com o passar dos dias, apesar da prometida ajuda do próprio presidente da República, do governo do Distrito Federal, com os especiais esforços do Ministério Público e das duas polícias, mesmo com alguns altos e baixos, nada parece produzir efeito. Nos boletins de ofertas e preços, em todos os supermercados e demais estabelecimentos do Setor de Abastecimento de Brasília — SAB — também é impresso o pedido ao povo, de ajuda para o Caso Pedrinho, com o retrato falado da Seqüestradora. Nada eloqüente, como já descrito.

Lia e Jayro já não sabem mais o que fazer. Os chegados Dulcinéia, irmã, e Evaldo, cunhado, mas mais irmão do que cunhado, resolvem socorrer-se do sobrenatural. Por indicações que afiançam e garantem resultados positivos, os mais incríveis, deliberam ir atrás de tais luzes.

Pai Paiva arrebanhou muitos entusiastas no Quadrilátero do Distrito Federal e recebe o casal tão sofrido, mas cheio de esperança de superar a penitência. Assentado em mole almofada sobre um banco, na penumbra da modesta saleta, joga que joga búzios. Começa dizendo ser o caso deveras complicado (ora, pois!), mas, com muita oração e fé, o bebê será reencontrado em três dias. Orações não faltaram mas nem em três, nem em trinta dias, nem nunca, se teve sequer uma pista segura do sumido.

Lia não desanima. Prossegue indo a estudiosos e praticantes de ocultismo e a centros espíritas. A costumeira e fácil desculpa, consoladora, é novamente usada: está resgatando um carma, por pecados em anteriores encarnações.

Chega a consultar uma cartomante, vestida à cigana e de olhos afunilados, suspirosa. Ela baixa o tarô sobre a toalha de cetim vermelho. Estica o olhar lá para o Infinito e, após custosa pausa, sentencia com solenidade:

— Pedrinho encontra-se em uma casa branca, muito branca, próxima a um lago.

E lá se vai a mãe dolorosa, acompanhada de sua irmã, de Evaldo e das filhas, munidos de dois binóculos que conseguiram emprestados e ficam dias inteiros zanzando pelos Lagos Norte e Sul, até do lado da Ermida Dom Bosco, escrutinando todas as casas mais alvas, entrando janelas adentro, vasculhando jardins e quintais. Chegam a ver uma velha, completamente nua — pelancas —, à beira de uma piscina, tomando sol e acarinhando um cãozinho. Que engraçado! Quanto a crianças, em carrinhos ou no colo ou alhures, insucesso completo.

Duas semanas depois, Lia volta a escrever para o filhinho:

— *Meu coração está mais triste que nunca. Mas sua ausência é e sempre será uma presença diária. Quase todos as noites mal durmo e só acordo chorando sua falta. Onde, onde, onde está você?*

Na alminha de Pedro, lá longe, já tão longe, uma inquietação. No meio de seu sono, como se sonhasse, ele vai fazendo uma carinha feia e chora sentido. Alguém o embala e cantarola.

— *Pedrinho, ontem à tarde tive um acesso de choro, quando dirigia a sós para o trabalho. Fugi para o estacionamento de um supermercado. E então, meu filho, chorei mais e senti profunda raiva de tudo. E uma pena, uma enorme pena de mim.*

O trabalho no Banco Central serve, por um lado, para distrair a pobre mãe. Por outro, constrangimentos lhe são criados. Já sabe que seus superiores pediram a todos os colegas não tocarem no assunto, tratarem de agir naturalmente, como se nada houvesse acontecido e não abordarem coisa alguma sobre filhos e crianças. Mas ela percebe, desconfortada, muita vez, no meio de qualquer conversa entre as amigas, olhares de recriminação de umas a outras, quase um psiu, quando alguma resvala sobre matéria que invoque sua tragédia.

Pois não é que uma avoada coleguinha nova chega tarde, e fala estar voltando do laboratório, com o resultado positivo de sua gravidez?! e que torcia para ser menino?! haveria de amá-lo muito muito e já ia escolher um carrinho-berço bem chique para ele. Azul, azulino, da cor do céu. Cheio de fitas. Ia batizá-lo de Pedro Antônio.

Lia vai chorar no banheiro.

— *Dói mais que raladão no joelho quando, criança, caía da bicicleta.*

42

Dias, semanas, meses vão-se arrastando. Muitas outras pistas falsas. Mais chamados para reconhecimento de bebês, dados como sendo Pedrinho. Debalde. É o mesmo que esperar peras de eucaliptos.

Aquela mãe está conhecendo todas as sete cores da Dor.

Seu próprio bom casamento, sob tamanha pressão e quebra total da rotina do trabalho e do lar, começa a estremecer. Necessário o muito amor de marido e mulher, pois surgem infalivelmente, inevitáveis dissensões e o matrimônio periga murchar. Mas vai sobreviver.

Lia cada vez mais mística. Sempre teve espírito poético e entra, freqüentemente, pelas várias portas de acesso, ao sobrenatural.

Um dos delegados da Comissão Especial conta-lhe saber da existência, na polícia de elite de São Paulo — como colaboradora —, de certa sensitiva, uma senhora portadora de poderes extra-sensoriais que, a exemplo do FBI nos Estados Unidos, auxiliado por chamados *clairvoyants*, também tem obtido êxito na solução de misteriosos crimes e desaparecimento de pessoas, com a indicação precisa de autoria e locais, os mais absconsos.

Não encontrando em Jayro entusiasmo para irem juntos à capital paulista, pelo menos obtém sua anuência para que ela vá com a irmã Néia e mais duas amigas.

Antes, grande foi o trabalho para localização de Madame Esmeralda Luzes Carpeaux,* as primeiras conversas telefônicas, intermediadas por cerimoniosos secretários, e finalmente a marcação de uma consulta com ela, em seu chique apartamento no Jardim Paulista. Não é muito conhecida das classes média ou baixa. Poucos mas riquíssimos clientes do Morumbi e outros bairros de gente que está por cima. Aparece mais é em revistas de luxo. Nada de televisão, que é coisa de gentinha. Assentiram quanto aos honorários, aliás pesados. Mas a esperança é enorme.

Vencem de carro os penosos mil e duzentos e tantos quilômetros de distância. Chegam ao afrancesado prédio de apartamentos, um por andar.

É uma tarde chuvosa. Madame Esmeralda Luzes Carpeaux faz a copeira — toda brancas rendas, saiote e trunfa pretos — servir em belas chávenas, chaleira e colherinhas de prata uma saborosa infusão importada. Depois passam para rica saleta e Lia fica frente a frente com ela. Toalha de veludo rubro, de um dedo de espessura. Música oriental, mansa, só orquestrada, baixinho, ao fundo. Embaralha cartas, pede-lhe para cortá-las. Com a mão esquerda. A desesperada mãe começa, até por hábito, a contar sua história, mas Madame a interrompe e vai muitas vezes, à medida que vira as cartas e as examina com atenção, se adiantando e completando os fatos, alguns dos quais não tinham sido descritos pela mídia. Pois ela sabe direitinho a cor de sua camisola e das chinelas forradas que usou na maternidade. E do furto da câmara fotográfica. E das fotos que já tinham sido batidas. Nenhuma do Pedrinho. E conta terem rezado um terço, aliás de cristalinas contas brancas, terminado no momento exato de sua remoção para o centro cirúrgico. Novamente entrecruza cartas e outra vez manda separar os montículos. Revira e parece lê-las. Medita.

Recrimina Lia por estar sendo muito idólatra. Não resolvem aquelas prendas — flores e velas — às imagens. Nem mesmo orações feitas por ela própria, a sofredora. A única capaz de interferir junto a superiores entidades espirituais, competentes para solucionar o problema, é só ela, Madame Esmeralda Luzes Carpeaux, de elevados estudos até em Xangai e no Tibete. Precisa, sim, fazer muitas orações, mas não essas comuns, de padre-nossos e ave-marias. Isso é arroz com feijão. Só valem preces esotéricas, especialíssimas, e está à disposição para tal. Novamente mistura de cartas, agora com mão única, em perícia de ás jogador profissional. Baixa sete. E descreve outros detalhes verdadeiros, mas só de somenos importância, ocorridos quando do seqüestro.

Aí pára, pede silêncio absoluto. Mas ouve-se um cão latindo na cozinha. Madame Esmeralda, com forte voz comanda e é obedecida:

— Serpejo, *be quiet.*

Nada. Nenhum barulho. Aquela mulher permanece com o rosto entre as mãos, cotovelos na mesa, olhando para as cartas arregaladas no fundo fogaréu da toalha de veludo, e para outro mundo. Lia e suas acompanhantes congeladas e mais do que mudas. Impressionadas toda vida. Na semi-obscuridade, Madame Esmeralda Luzes Carpeaux alisa um enorme cristal verde. Acende duas muito grossas velas de libra, ditas especialíssimas, sendo uma verde e outra vermelha. Pinga gotas da estearina derretida de uma, sobre a outra e vice-versa. De repente, parece ter visto um clarão, um relâmpago, pois estatela os olhos, volta a fechá-los, fixa-os num ponto imaginário, no Infinito, e afirma convicta:

— Pedrinho foi levado por uma poderosa quadrilha internacional. Já nem está mais em território brasileiro. Mas será restituído a você. Sabe quando? exatamente no dia em que completar um aninho.

Cala-se e fica imóvel por mais de dez minutos:

— Tenha toda esperança do mundo. Eu vou fazer máximo esforço para meus guias asiáticos iluminarem os encarregados das investigações e da procura do menino. No dia 20 de janeiro de 1987 ele estará em seu colo. Certeza. Até lá. No aniversário, o menino volta. Sem erro. Certeza. Certeza mesmo.

Levanta-se e todas se despedem. Claro que depois da crassa maquia entregue.

Lia, perdendo o mínimo de autocrítica, acredita piamente e retorna para a Casa 13 onde, apesar das recriminações de Jayro, faltando ainda três meses para o aniversário, começa a enfeitar a casa para receber Pedrinho. Suas filhas participam da euforia e inclusive preparam cartazes e faixas de boas-vindas. Aquele anunciado fato futuro é tido pela família inteira, menos o pai, como líquido, certo e imutável.

43

Jayro prefere insistir em outro caminho. A cobrança de ação mais intensa, dinâmica e efetiva, por parte das autoridades, como aliás lhe prometera o presidente da República. Embora reconhecendo que a polícia civil do Distrito Federal tem trabalhado com interesse, havendo alguns delegados, em especial, credores do seu reconhecimento, tem consciência de poder exigir mais. Vê falhas, omissões.

Diversas vezes assistia, fazendo retóricos discursos na televisão, ao novo ministro da Justiça. Personagem algo estranha, apresentando-se com um absurdo e anacrônico chapéu-panamá, ora na cabeça, ora na mesa ao seu lado, focado em *close up* pelas câmaras. Impressiona a maneira dele apregoar direitos e cidadania. Tudo faz para exibir muita cultura. Jayro resolve, confiante, ir procurá-lo pessoalmente, para pedir socorro.

Depois de muita trabalheira e auxílio de amigos, Jayro está diante do Palácio da Justiça que jorra cascatas de límpida água sobre o lago tão artificial quanto elas. Observa o concreto aparente e lembra-se do absurdo cometido pelo governo militar, mandando revesti-lo de mármore. Finda a ditadura, Oscar Niemeyer exigiu o descascamento de seu edifício, restaurando-se o projeto original. Quanto dinheiro do povo gasto pela tolice em desfigurar-se uma obra de arte! contra a vontade do artista. Se os tempos são outros e a prepotência passou, o ministro da Justiça certamente irá atendê-lo.

Mas Jayro reclama até hoje, muito ressentido, da frieza com que Paulo Brossard, a custo, o recebeu em seu gabinete. Ouve as queixas, os clamores para ajuda do Ministério e reforço junto à sua subordinada Polícia Federal, no sentido de ser solucionado aquele revoltante crime, e devolvido o bebê seqüestrado. Os pais querem a entrada direta da Polícia Federal, como ela fez no caso de Chico Mendes e faz, na vigilância de tabelas de preços, nos supermercados e em outros casos originalmente não de sua competência mas até de menor importância.

Olhos fechados, o ministro parece dormir e, de repente, ríspido, como que manda Jayro ir-se embora logo. Deixasse a polícia cuidar do caso e fosse ele tomar conta de sua família e criar as suas filhas.

Jayro retira-se do luxuoso prédio, ruma zonzo, caído das nuvens, para o estacionamento de visitantes e, triste, esmigalhado de desilusão, entra em seu carro e parte. Mais uma esperança desabada. Deixa para trás um chapéu branco. Panamá. Muito branco. Deram-lhe um chapéu. A parte sólida do mosto que sobrenada na fermentação do vinho.

44

— *Pedroca: Acordei muito triste, querendo demais que o tempo voltasse atrás e eu pudesse fazer tudo de novo. Você dentro da minha barriga, às vezes me dando aqueles gostosos chutinhos. A felicidade do dia-a-dia, à sua espera, arrumando-se o seu enxoval e a sua mobilinha. Hoje eu faria tudo diferente, meu tão amado filho. Eu iria te dar à luz como as índias Tapajós, suas ascendentes pelo lado do papai. De cócoras, bem escondida lá no meio do mato, sem médicos, enfermeiras, maldição de hospitais e maternidades. Nós dois, só nós dois, totalmente protegidos contra seres perversos que nem merecem ser chamados de humanos.*

Em algum lugar deste planeta, numa casa sortida e elegantemente decorada, um menino assentado em sua chique cadeirinha vê se aproximar alguém, para brincar com ele. A mulher, olhar de fogo, usa muitas pulseiras num braço. Berliques e berloques. Tilintantes. Quer pegá-lo no colo. Pedrinho leva enorme susto. Passa a gritar e a chorar sentidíssimo.

— Que foi, que não foi? Calma, neném. Tudo está bem.

Mas o garotinho não sossega. Prossegue chorando e soluçando.

45

Lia está exultante. Iludida da cabeça aos pés. É o dia 20 de janeiro de 1987. Faltam poucas horas para se completar o primeiro ano de vida do Pedrinho. Anunciado pela imponente Madame Esmeralda Luzes Carpeaux, quase já chega o momento sublime de abraçar e beijar a saudosa pessoinha.

A ilusão contagiou suas irmãs, ambas as filhas, cunhados e outros parentes, amigos muitos. Todos, desde manhã, a estender faixas de pano diante da Casa 13: *Bem-vindo, maninho.* Outra: *Mamãe te adora, filhinho.* Mais uma: *Que saudade, Pedrinho!* E a última, jocosa: *Manhê, chega de moleza. Vai preparar as coisas do seu filho.*

Desde a entrada, flores mais flores e flores mais. Armazenaram foguetes. Esticaram fios elétricos e neles penduraram luzinhas multicoloridas. Ficou tudo com cara de Natal. À espera de outro ádvena tão encantador.

No aparelho de som, em volume daqueles, cânticos de crianças: — *Olhai as crianças do nosso Brasil.* Um não acabar mais de entra-e-sai de gente, inclusive repórteres.

O almoço bem tarde, com jeito de domingueiro, mas todos comem e bebem pouco, tamanha é a ansiedade. No que mais se olha: relógios, os de pulso, os de mesa, os de parede. O do Sol.

Como que ficou subentendido estar a chegada do Pedrinho marcada para o período da tarde. E é por ela toda que a azáfama continua. Mas vão cansando. O jantar murcho. Menos, muito menos gente pela casa. Povinho disfarçadamente morrendo de pena, a sair à francesa. O único que apenas observa tudo e não se manifesta, mas passa despercebido, é Jayro. Caladão.

Vai chegando a meia-noite e só a família. Só. Muito só. Família aliás, incompleta. Com a falta do Pedrinho. Está faltando ele. E como ele é grande! Falta imensa! Buraco fundo!

Às 23h55, Lia encadeia-se com as duas filhas, desanda a soluçar e todas explodem num alto pranto unissonante. Lamento de muezim.

À uma hora, põe as meninas para dormir e vai para seu quarto. Deita-se. Cama de faquir. Às duas se levanta, vai à cozinha. Pega o bolo de aniversário em quem ninguém tocou. Ninguém. Coloca-o numa banqueta baixa. Acende a única velinha. Azul, tetéia. Deixa tudo às escuras e bota os joelhos no chão frio, olhando para aquele foguinho a bailar como um beija-flor. Fica imóvel, pensativa, e orando baixinho. A vela já é quase que só um toco. Molha o polegar e o médio da mão direita nos fios de lágrimas escorrendo. Aperta-os sobre o pavio. O fogo, adeus. Ela cantarola baixinho, baixinho — mais sussurra —, como se temendo acordar uma criança:

— Parabéns, parabéns, parabéns pra você, muitas felicidades, muitos anos de vida. Viva o Pedrinho! Viva! Feliz aniversário, filho tão amado. Deus te abençoe.

No dia seguinte, ela tão envergonhada... Nem sabe o que dizer ou fazer. Que loucura! que falta de bom senso! Chora que dá um dó.

A fumaça da velinha parece não querer sumir da casa. Nem o cheiro.

46

Jayro sente inspiração, vinda não sabe de onde, para voltar-se aos seus maiores, os índios. Ah! sim: foi o noticiário abundante sobre a extraordinária pajelança que salvara um cientista, já dado como tendo poucas horas de vida. Paciente terminal e pior, terminado — para se falar a verdade.

O sábio Augusto Ruschi, natural de Vitória, no Espírito Santo, há muitos e muitos anos se consagrara como o maior estudioso e protetor dos beija-flores, em toda a face da terra. Lido e festejado pelos quatro pontos cardeais do planeta. Chegara a conclusões fantásticas, dirigira filmagens e fotografias publicadas em livros, editados em línguas muitas. Fazia palestras até mesmo nas menores cidades, defendendo aquelas florezinhas voadoras. Carregava consigo, caixas e caixas das avezitas, carinhosamente embaladinhas em canudos fofos de algodão, para soltá-las, em programas conjuntos com prefeituras e clubes de serviço, como o Rotary, nos parques selecionados, para difusão e enfeite, principalmente em estações de água e outros pontos turísticos. Mais ainda: para sobrevivência da espécie.

Só que, nas suas andanças por todas as matas, fora contagiado por estranha e indiagnosticável doença que o está matando. Não há antibiótico ou soro ou medicamento qualquer, neste mundo, capaz de melhorá-lo.

O próprio governo brasileiro patrocina a vinda de uma junta de três dos melhores especialistas em doenças tropicais e eles acabam opinando, sem certeza, ter o professor Ruschi sido envenenado por um sapo dendrobata — verdadeiro Barzabum — contra cuja peçonha ainda não tinha sido descoberto antídoto.

Augusto Ruschi, padrinho e irmão dos beija-flores, está na UTI em hospital do Rio de Janeiro, apenas aguardando a passagem da Mulher do Segador, para levá-lo de uma vez por todas.

O cacique Juruna engraçadamente chegara a deputado federal e tornara-se, em Brasília, pela sua simplicidade e esperteza ao mesmo tempo, figura folclórica. Na verdade, outra vítima do irreverente povo dito civilizado. Basta cotejar-se, como amostra, o noticiário das folhas e tevês com acusações de freqüentar ele as melhores churrascarias da Capital Federal, comer até estufar, beber caipirinhas requintadas ou vinho, e quase se afogar em chope e, na hora da conta, mandava fosse ela cobrada do chefe de seu partido, o Dr. Leonel Brizola. Se algum dono de tais estabelecimentos, mais azinhavrado, se mostrasse menos tolerante e ameaçasse chamar a polícia, Juruna invocava sua imunidade parlamentar. No fim, os donos dos restaurantes descobriram, alegres e confortados, que a presença daquele índio pinturesco e emburrado, muita vez também com seus familiares, num almoço de sábado ou domingo, acabava sendo atração certa, aumentando a freguesia. Terminavam por dar lucro os seus calotes. Só que, claro, não foi reeleito, mesmo pelo sempre bem-humorado povo do Rio de Janeiro.

Porém havia um seu lado positivo, como no caso do professor Augusto Ruschi, quando promoveu, sem impedimento pela Fundação Nacional do Índio, uma vitoriosa pajelança em torno do doente, aprovada, como ato de desespero, por familiares e amigos. Chamou o renomado pajé de sua região, Sapaim Camaiurá, o qual, em roda completada com Raoni e outros colegas de menor força e fama, conseguiu a muito custo um milagre inexplicado pela ciência e médicos tradicionais. Colocou o paciente de pé e até andando, ainda que apoiado. Confirmara, de imediato, o diagnóstico do envenenamento por aquele batráquio e, no meio de fumaceira, danças e fortes abraços no cientista deitado, chegava a desmaiar alegando estar recebendo o mal do sapo. Conseguiu significativa sobrevida e recuperação para seu assistido. Corria também a notícia de que, na mata, um indiozinho kalapalo, de oito anos, estava sumido há mais de cinqüenta dias e todos já o davam por comido de onça. Sapaim consultado, garantiu estar ele vivo, indicou onde, e o acharam esquálido e assustado, perdido, mas alimentado, embora com deficiência, por raízes e frutas silvestres. Recuperou-se por completo, ainda e sempre, com a ajuda daquele pajé.

Também salvara, miraculosamente, uma indiazinha de três meses, da tribo Yawalapiti, no alto Xingu — já quase cadáver, já dormindo de olhos abertos — e ainda consumara outros milagres. Competente, sem dúvida. De achar agulha em palheiro.

Naquele hotel, Sapaim estava passando uns dias em grande amizade com o gerente Antônio Alberto, que compreendia bem sua modéstia e simploriedade e reconhecia sua grandeza. O mago da floresta estava furioso com os outros caciques, pois, quase à custa da própria vida, fora ele sim, ele, Sapaim Camaiurá, quem curara o Dr. Ruschi, rei dos beija-flores, embolando-se com o basilisco, com seu grisu e tudo. No final, os colegas teriam recebido pagamento em dinheiro e não lhe deram um só tostão. Um.

Sabendo de sua presença em Brasília, Jayro vai procurá-lo e o encontra no Hotel Aquarius, no Setor de Indústria e Abastecimento. Notória sua timidez e o momento não é feliz, nem propínquo, pela raiva contra os companheiros. Escuta o Caso Pedrinho. Irrita-se ao ouvir que os avós paternos do sumido são índios como ele. Pergunta de que tribo. Explica azedo:

— Tapajós?! Do Jacareacanga?! Não somos amigos nem inimigos. Nossas tribos nem se conhecem. Nunca tiveram contato.

Afirma que pelo menos uma pista ele encontraria, mas, pelo seu mau humor momentâneo, cansaço e até estar meio adoentado, começa a fazer diversas exigências, como a presença de seu filho Ianacolá para completarem o trato do seu trabalho *com seu pessoal*, para o encontro do menino. E tem chegado à conclusão de que o homem branco é até mais honesto que os índios. Continua-lhe indigesta a tratantada que assegura ter sofrido, por parte dos colegas, no caso do professor Augusto Ruschi. Sua franqueza é própria de sua nação. Encontra-se tão enfezado que nem se toca com o fato de estar diante de um meio-irmão de sangue. Ou primo.

De repente, ainda à moda índia, sem mais nem menos, se levanta, nem diz até logo, aliás nem diz é nada, e vai-se embora para seu quarto. Curiosamente, é o Apartamento 13.

47

A federação espírita kardecista manda uma comissão à Casa 13, para falar com os pais, principalmente com Lia, sabedores das decepções por ela sofridas com aqueles outros médiuns, nem um só ligado a eles. Convidam para sessões de mesa branca. Os dois agradecem mas não aceitam. O chefe da turma então raciocina com Lia:

— A senhora é do Araxá. O Araxá é tão próximo de Uberaba. Como é que até hoje a senhora não quis ouvir a milícia celestial a inspirá-la a procurar o tão imenso espírito de luz em Uberaba? Inegavelmente o maior médium do mundo

Autor de centenas de livros confortadores e lidos por toda gente no país inteiro. *Best sellers*. De tudo quanto é banda, vem gente consultá-lo. Políticos e artistas de primeira linha não dão um passo sem ouvi-lo. Até o Henry Kissinger. A senhora não está querendo enxergar. Nem ouvir seus bons guias. E a salvação está vizinha de sua cidade natal. Qual é o mais importante morador da antiga Farinha Podre?

— Chico Xavier?!

A resposta — pedido de confirmação — de Lia é aplaudida com quase frenesi.

— Mas será que ele me recebe?

— Não é preciso nem marcar dia nem hora.

São feitos os preparativos e lá rumam a mãe, de coração aos tassalhos, a irmã Néia e mais dois acompanhantes. Jayro fica. Decidira-se a fazer sozinho, uns trabalhos de sonorização xamânica, supersecreta e muito eficaz, que lhe fora passada de boca a boca, geração a geração, pelos ancestrais Tapajós.

Cerca de seiscentos quilômetros de Brasília, em estradas felizmente de muito pouco trânsito, fáceis de serem vencidas.

Saem ao alvorecer, no dia da semana indicado e, com raras paradas, na hora programada, depois de errarem um pouco para o encontro da tão conhecida casa, ali chegam, no meio de um povaréu enorme. Percebem logo a falta de organização para encaminhamento dos peregrinos.

É um dia quente. De verão. Os auxiliares de Chico Xavier não se mostram nada pacientes, nem com os enfermos ou aleijados. Mal informam e pouco orientam. A custo e quase que espontaneamente, se forma uma fila imensa.

Ao se aproximar da mesa, com uns quatro assistentes em pé, atrás dele, ajudando-o, o médium, sentado, sempre cabisbaixo — mão direita cobrindo os olhos — vai ouvindo as lamúrias e dando breves orientações. Raramente por escrito. Parece que alguém espargiu perfume de rosas, pelas proximidades do discípulo de Alan Kardec.

Com suspiros de alívio, e gigante esperança, Lia, por fim, senta-se à sua frente. Chico Xavier sorri curto para ela, baixa o olhar, ouve a história e, longo silêncio, não responde nada. Fecha os olhos, pensa, pensa. Enruga a testa e por fim diz:

— É um caso muito complicado. Vai demorar bastante. Porém Pedrinho será reencontrado. Continuem a busca. Não percam a fé. Orem.

A mãe volta pouco consolada. Muito triste com a informação do alongamento de tão atroz padecer, mas com o propósito ainda mais firme de não esmorecimento na luta. Jamais. Enquanto ele viver, estará atrás do Pedrinho a cada minuto, dia e noite.

Já anoitece quando as verdinhas copas dos pés de pequi, de um e de outro lado da rodovia, quase se fecham sobre o trecho Cristalina-Luziânia, e Lia consegue, exausta, cochilar um pouquinho. Cerca de uma hora para estar de volta a casa, já pensa no que vai escrever ao filho:

Pedrinho:

Se eu morrer antes de você ser achado, leia estes meus pensamentos, com os quais procuro demonstrar-lhe que não o abandonei por um instante sequer. Acredito em milagres e sei que só um milagre proporcionará nosso reencontro. Perdão por eu ter deixado você ir embora daquela maneira. Perdão, meu filho, meu...

48

Passa-se mais um ano e quase já outro. Moendo cana. Esmigalhando as almas da estigmatizada família. E o caldo que escoa não é nada doce. Sabe azedo. São idas e vindas sem conta, da polícia e de outros lugares, até com viagens para reconhecimentos e farejar de pistas falsas. Na Receita Federal, chefes de Jayro, humanos e compreensivos, começam a notá-lo meio passado. Pudera! Sob tanto sofrimento. Como bem semelhante é a condição psicológica de Lia, também seus colegas, amigos de trabalho e superiores chegam a uma decisão unânime: aconselhá-los a se afastarem por uns tempos, de Brasília, onde lhes é impossível ir a qualquer lugar sem que uma pessoa ou outra dê um jeitinho de vir abordá-los para tocar nas feridas do Caso Pedrinho. E dar palpites. Muitos, por demais errados.

No dia 1º de janeiro de 1988, a mãe escreve ao filho:

Pedrinho:

Feliz Ano-Novo para você. Até ao último minuto do Natal eu estive esperando por um milagre que não veio: sua devolução. Nosso único consolo é saber que você não está sofrendo como nós. Resolvemos mudar de cidade. Tentaremos sobreviver em outro lugar.

E já no dia 8 de abril participa-lhe a mudança para o distante e calmo Rio Grande do Sul:

Seu pai conseguiu transferência. Estamos morando em Porto Xavier. Espero que aqui possamos reestruturar nossas vidas. Em qualquer lugar, sua ausência continua uma presença diária. Aqui nesta cidade ninguém nos conhece e combinamos não contar a ninguém nossa história. Isto se faz necessário para que principalmente suas irmãs tenham um pouco de paz e nós também.

No entanto, poucos dias depois, coisa de duas semanas, se tanto, já muda seus sentimentos e su'alma:

Tenho estado angustiada. O fato de estarmos longe de Brasília me dá a sensação de ter abandonado a luta por sua procura. Tenho necessidade urgente de fazer alguma coisa que alivie esta horrível sensação de abandono, senão certamente enlouquecerei.

Como precisam escudar sua sina, da eventual descoberta de vizinhos, não confraternizam com os bons gaúchos ao lado, nem com os colegas de ofício do Jayro. Falta alguém para desabafar as mágoas e tamanhas penas.

49

O ex-amante, já de caráter e hábitos nada exemplares, sente o ciúme, como formicida, a penetrar-lhe esôfago, estômago e demais vísceras. Pouco vacila na grave decisão que acaba tomando: denuncia à polícia quem seqüestrou o Pedrinho e indica estar a criança em Curitiba, com ela, a própria Seqüestradora. Esconde-se provisoriamente, na covardia do anonimato. Remete por carta, também, uma fotografia três por quatro, da acusada.

A Comissão Policial encarregada de achar o menino manda ampliar bastante aquela foto e tirar várias cópias. São exibidas às pessoas que, dois anos antes, tiveram contato com a Seqüestradora, que se fizera passar por assistente social e visitara berçário e quartos outros, de demais internas. Acham parecidas. Não muito convictos, mas acham sim. É preciso descontar o tempo já transcorrido. É ela. É. É ela.

Policiais do Distrito Federal rumam para Curitiba e localizam Marta Cordeiro* e seu filho Roberto,* ali residindo. Ela é ex-funcionária de um banco de Brasília. A certeza é tanta de terem encontrado o Pedrinho, mais pelas evasivas da moça, que, sem dúvida, tem algo a esconder.

Uma meritíssima juíza de Direito de Brasília atende ao requerido pela polícia e decreta a prisão preventiva de Marta Cordeiro, determinando sua volta à capital da República, junto com o menino. Presa bem presa.

Pelo apurado, o seqüestro de Pedrinho não foi conseqüência de ação planejada por quadrilha dedicada a furto e tráfico de recém-nascidos. Sim e só, um ato individual.

Mandam chamar Lia e Jayro, no Rio Grande do Sul, para tentarem reconhecimento daquele Robertinho, como sendo o mesmo Pedrinho. E da moça, como a ladra da criança. Lia voa imediatamente.

Mas com toda sua vontade de dar como positivo o reconhecimento da mulher e da criança, sua honestidade a obriga a não demorar em negar isso. Não são elas. Não são não. A pobre moça presa só tem vinte e três anos. A Seqüestradora é bem mais velha.

Para comprovar mais uma vez do que é capaz um ser dito humano, em especial quando retalhado de enfermo ciúme, o certo, por fim confirmado, foi ter um bicheiro de Brasília brigado com sua amante e resolvido mandá-la para a cadeia, atribuindo-lhe fatos em princípio aparentemente verossímeis. Suja vingança.

A verdade não tardou a sobrenadar como óleo, a água suja da enganação: Marta Cordeiro, solteira, tinha ficado grávida. Seus pais e outros parentes não aceitavam aquilo e não a queriam dentro de casa. Ela acabou sendo levada por uma amiga a certa *fazedora de anjos* que lhe praticou um aborto e assim pôde Marta continuar com os pais e irmãos. Entretanto, o remorso logo tomou conta dela. Sentia-se como uma assassina. E do próprio filho. Amasiou-se com o tal bicheiro e, não conseguindo engravidar de novo, pôs na cabeça que deveria adotar um bebê. Ele não queria. Pela coincidência de datas do nascimento, inclusive com atestado de nascimento falsificado, de um bebê doado por outra mãe solteira, dando o menino como nascido dela própria, mais se avolumaram as suspeitas.

Foi preciso todo o longo processo de passagem pelo judiciário para que a suspeita, presa por ordem de Brasília, fosse regularmente devolvida à sua cidade de origem e onde teria cometido o crime.

Com a justa negativa de Lia, apurou-se que Marta jamais tinha ido à Maternidade Santa Lúcia, mas sim conseguira a criança por doação daquela mãe miserável, sem condições de mantê-la, de uma cidade-satélite.

Enquanto não desmentida a falsa notícia, mais uma vez a imprensa fez enorme carnaval e novas faixas foram postas na casa de Jayro lá em Porto Xavier, celebrando a chegada de Pedrinho, onde, assim, todos ficaram sabendo da lazeira daqueles novos habitantes e se condoeram também e bastante.

Mais um crime desencadeado pela cegonha às avessas que, na verdade, levara o Pedrinho. No bico, já se assinalou. Outra inocente a pagar por nada. E como sofreu a pobre Marta! Não compensou sua dor o processo criminal pespegado no bicheiro que a caluniara. Fala em pedir indenização ao Estado, pela prisão ilegal e danos morais, com advogado pago pela produção do *Programa do Ratinho*.

50

Menos de meio ano em Porto Xavier e Lia escreve ao seu querido confidente, em destino ignoto:

Não estou mais suportando ficar aqui nesta cidade. Preciso voltar para Brasília. Não existe lugar neste mundo onde eu possa viver em paz, sem essa dor horrível que trago no peito e em todos os membros do meu corpo.

Aos domingos então, o dia é monotonia pura. Não aceita os convites para os tradicionais churrascos em casa de amigos. Nem para uma simples prosinha. Uma chupadela de mate amargo: o chimarrão. À noite vai dormir cedinho, mais entediada do que nunca. Em outubro de 1988, volta a escrever para o adorado filho:

Pedrinho:

Irei embora daqui no final do ano, com as meninas. Seu pai ficará até conseguir transferência. Estou infeliz demais. Tem dias que durmo e acordo chorando sua ausência. O travesseiro amanhece molhado.

Na passagem para o ano de 1989:

Uma boa notícia. Iremos todos embora. Papai conseguiu transferência, graças a Deus. Feliz Ano-Novo para você. Beijos.

Lia volta a trabalhar, extinta sua licença, mas sente-se desconfortável e muito inquieta com a percepção de continuar alvo de piedade e misericórdia. Os colegas delicadamente prosseguem não tocando no assunto. Mas a atmosfera é sempre pesada. Quando entra no Banco Central, tem vontade de voltar correndo para casa e estando em casa tem ganas de sumir do mundo.

Sou uma árvore seca que, não dando sombra, não pode dar abrigo pra ninguém, pois necessita da água que é você, para reflorescer. Sofro mais ainda ao ver seu pai e suas irmãs, e constatar que nada tenho para mitigar-lhes o sofrimento.

Em março de 1990, para Jayro aperfeiçoar a técnica de comunicação à distância, com entes queridos, na dita sonorização xamânica, em pesquisas no âmago mais íntimo do Amazonas, ela conta ao filho:

Papai e Mamãe vão fazer um passeio em Manaus, terra dele. Vamos descobrir um meio de falarmos com você e receber resposta com maior clareza. Assim você, também nos procurando, descobrirá como nos achar. Papai vai ver se consegue, para trazermos, um papagaio legalizado e ele se chamará Zé e também ficará esperando para brincar com você. Sabe qual a primeira palavra que lhe ensinaremos? Pedrinho. E depois ele aprenderá com você a me chamar: Manhê.

51

Quase dando para se ouvir um montão de barulhentas correntes de almas penadas, no arrastar dos já quatro anos e meses de martírio daquela supliciada família. Ano de 1990. Em Minas Gerais se digladiam pelo governo do estado dois Hélios, o Garcia e o Costa. Este último, deputado federal e repórter. Nas pesquisas da vontade eleitoral, o Hélio Garcia está na frente. Hélio Costa, inteligente e hábil, conclui, com sua equipe, que carece de um factóide para, nos poucos meses sobrantes, de campanha, reverter a posição. Algo forte e capaz de chocar a opinião do povo mineiro, mostrando um lado humano e misericordioso do candidato. Sua eficiência no bem servir. Ouve falar — pois é assunto nacional — do

Caso Pedrinho, tão triste e eletrizante. Responsável pelo muito visto programa *Linha Direta*, da poderosa televisão Globo, e tendo em mira também serem do Araxá, na sua Minas Gerais, a martirizada mãe e família dela, delibera com a equipe encarregada da série produzir um episódio a respeito, bem detalhado e empolgante. Para tocar principalmente o coração das Alterosas. E fazer um bem, é indiscutível.

Na cidade Rolim de Moura, onde o Brasil já quase nem é mais Brasil, lindeira com a Bolívia, cerca de noventa mil habitantes, no quase desabitado estado da Rondônia, numa lonjura de uns 600 quilômetros da capital Porto Velho, sendo preciso até de balsa para cruzar-se o Rio Machado, um garotinho de quatro anos, numa casa de classe média, durante a semana se mostra surpreendentemente interessado nas chamadas feitas pela TV Globo, para o programa a ser apresentado na vindoura terça-feira, com o caso do menininho que foi seqüestrado. Fala a respeito, com seu pai adotivo que não dá quase importância ao assunto. Mas chega o dia e o garoto relembra o caso, de novo, também com sua mãe adotiva. Entretanto, transmitido muito tarde da noite, ela, recém-acidentada e trajando um colete ortopédico, até o pescoço, acaba cochilando antes. Porém, pela insistência — impressionante e muita — do guri, o pai continua com ele acordado, à frente da tela.

Contam, muito bem dramatizado, em pura e correta linguagem cinematográfica, o Caso Pedrinho, e o menino não descola os olhos da televisão, comportamento percebido pelo seu pai adotivo provisório, Luiz Antônio.* São feitas várias reconstituições. Muitos, quase todos os delegados atuantes no caso, dão seus depoimentos. Maria do Carmo* abre os olhos a tempo de ver apresentado, em *close up,* um retrato de Jayro aos quatro anos, informando-se que Pedrinho poderia estar com aquelas mesmas feições, pois as filhas se parecem bastante com ele. O programa se encerra com Jayro segurando tal fotografia e fazendo um teatral apelo, para que todos os socorram e ajudem a encontrar o filho. Luiz Antônio fica abismado com a semelhança entre seu adotado e o suposto Pedrinho atual. Sua mulher também.

Na manhã seguinte, o marido conferencia com a esposa e diz estar apreensivo com a hipótese do, por eles adotado, Gibson* — para todos apenas Gib — ser o Pedrinho. Maria do Carmo* sente pena dos pais do bebê furtado na maternidade de Brasília. As idades coincidem. O casal troca idéias e resolve procurar Jayro e Lia. E até devolver-lhes o Gib, se ele for mesmo, o Pedrinho. Tentam falar com a TV Globo no Rio e, por má sorte, há uma greve impossibilitando as comunicações. Telefonam para a mesma rede, em outras capitais, mas ninguém sabe informar nada. Gastam muitos telefonemas outros, até para a Casa de Saúde e Maternidade Santa Lúcia onde a resposta é róchea e monossilábica. Chamam o escritório de Hélio Costa, em Belo Horizonte. Não está presente e ninguém pode auxiliar no encontro dos pais de Pedrinho. Maria do Carmo, espírito prático de quem até já vivera nos Estados Unidos, vai logo ao dono-dos-bois. Liga para o serviço de informações de Brasília e pede para falar com a telefonista chefe. Por incrível sorte, Lúcia, a encarregada, já tivera na família, uma criança, parente, seqüestrada e morta por afogamento. Emocionada, pede um prazo de até meia hora para chamar de volta. Cumpre. É-lhe passado o telefone dos pais de Pedrinho.

52

Na Casa 13 sai até pão-de-queijo, quentinho. A massa é feita ali mesmo, com polvilho azedo vindo de Araxá. Enormes bules de café. Vizinhos, parentes, colegas do Banco Central, curiosos que se insinuam, empregadas de toda a rua, todos como uma só família, aguardam, desde o começo da noite, a apresentação do *Linha Direta*.

Vez em quando, muda-se o canal para uma olhadela nos filmes, mas por pouco. Sem outras interrupções, rápido de volta para o canal de estourado ibope. Todos os comentários, na sala, só giram em torno da grande força da Globo e conseqüentemente, da enorme possibilidade de finalmente achar-se o Pedrinho, com o programa que se seguiria, a ser visto até nos cantinhos mais perdidos de toda a Nação.

Tarde começa o tão esperado episódio, mostrando detalhes nas cenas dentro da réplica do Quarto 10 da Maternidade Santa Lúcia, e outros pontos muito importantes. Causa fascínio e indignação, a figura ao mesmo tempo sedutora e sinistra, da espertalhona e bela mulher que conseguiu enganar a pobre e fragilizada mãe, e carregar com seu filhinho. Milhões votam-lhe ódio. Que bico! Cegonha invertida. De novo é a imagem que vem à cabeça.

Lia está como que fora do mundo. Suas emoções se mesclam e, se ela sente uma certa alegria por considerar aquela uma inigualável oportunidade de reencontrar o filho, por outro lado pesa-lhe estar na berlinda. Ah! como daria tudo em troca da doçura de um tranqüilo e rotineiro anonimato.

Jayro, mais Tapajós do que nunca, a tudo assiste mui fleumático. Não de todo desesperançado, mas nem tampouco confiante demais.

A *Mater Dolorosa*, como já contara ao Pedrinho, numa de suas cartinhas, aprendeu a chorar só por dentro, assim evitando contagiar os outros e ainda mais piorar a situação. E quanto chora! Tonéis de escondidas lágrimas.

Ao encerrar-se o programa, com o apelo de Jayro e a mostra de seu próprio retrato, na época, quando em idade igual à do filho, agora poucos notam, no meio de tanta emoção, uma falha da Globo deixando de indicar um ou mais telefones para quem, caridosa e fraternalmente, atendesse às súplicas e desse indícios do menino sumido e/ou dos responsáveis pelo crime.

53

Incrivelmente, em decorrência da omissão do *Linha Direta* já apontada, somente uma ligação telefônica é completada para a Casa 13. Nada para os locais de trabalho dos progenitores. Maria do Carmo fala diretamente com um Jayro desconfiado e na defensiva. Conta-lhe que adotara um menino, Gibson, há quase nove meses e que ele tinha sido largado em abandono, por uma desconhecida mulher, na estação rodoviária e fora recolhido, num orfanato, onde chorava constantemente. O marido e ela têm a guarda provisória do menor. Ele achou-o por demais parecido com a foto mostrada na televisão. Pergunta se é de família uma espécie de verruga na parte posterior da cabeça do Gib.

Jayro dá um salto.

— É, sim. Todos nós temos. De nascença. Meu pai, eu e minhas duas filhas.

A conversa muda de tom e de interesse. Lia toma do aparelho e fala longamente com Maria do Carmo e dela recebe a promessa do envio, no mesmo dia, de várias fotografias, bem recentes. Usará o serviço especial de expressas ou, até melhor, vai-se valer de um amigo que poderá conseguir a entrega em Brasília, pelo Correio Aéreo Nacional (CAN), a cargo da Força Aérea Brasileira.

Poucos dias após e Lia efetivamente recebe as fotos capeadas por uma comprida carta, com algumas incorreções gramaticais e, já em princípio, algo excêntrica, pois datilografada em vermelho, assinada por Maria do Carmo.

Juntam-se todos em torno dos retratos e, de chofre, ficam unanimemente convencidos de ser o Pedrinho aquele belo menino loiro. Iluminado. Acharam o Pedrinho!

Maria do Carmo narra ser desquitada. O primeiro marido é advogado e professor, residente no Paraná. E estéril. Ela é pernambucana, nunca teve filho, dizendo-se educadora e também autora de livros, não nomeados. Logo após a separação, afirma haver ganhado uma bolsa de estudos nos Estados Unidos, onde viveu um bom tempo. Não diz que tipo de bolsa. Nem para qual cidade ou pelo menos estado americano. Retornando ao Paraná, sentiu o mercado de trabalho muito fechado para ela. Daí ter buscado chances mais amplas, embora em ambiente difícil e desconhecido. Mudara-se para a Rondônia. Voltara a casar-se com um pequeno comerciante, quinze anos mais moço que ela, e pai de um casal de filhos que a chamam de mãe. Ali estão bem e em ascensão. Dá aulas avulsas, de inglês. Ela batera o carro numa viagem e se ferira tanto que estava para ser operada num especialista em Belo Horizonte, para onde deveria seguir na próxima semana, internando-se em hospital de funcionários públicos de lá. Coisa séria. Problema na medula.

Se quiserem, podem vir buscar o Pedrinho. Já iriam arrumar a transferência da quase adoção para eles.

Dos olhos de Lia, cascatinha de lágrimas ao ler que, na chegada, Pedrinho apresentava-se fraquinho e com muitas feridas pelo corpo. Agora está bem melhor, embora ainda sujeito a bronquite, tosse, e às vezes, talvez por carência de afeto, se mostra um tanto agressivo e até malcriado.

— No começo ele destruía tudo que lhe dávamos: bicletinha e outros brinquedos, roupas, o próprio lençol da cama. Mas é muito inteligente e criativo.

Lia mais se desespera quando chega a um alarmante ponto da carta:

— Há um problema sexual algo sério, com ele, e estamos tentando curar. Ele dorme no meu colo, passando a mão no meu seio, ainda não larga a chupeta e tem mania de ficar cheirando uma fraldinha. Mas não tolera beijos de ninguém. Nem suporta ouvir as palavras *beijo, amor* ou *te amo*. Tem nojo. Asco. Com muito custo me contou que alguém o molestava, brincando de beijar todos seus *buraquinhos*. Mas não indica o autor disso. Nem diz se foi homem ou mulher. Colega ou adulto. Pois o matarão se entregar.

Numa ocasião — Maria do Carmo conta mais —, deu-lhe um trenzinho de brinquedo. Para quê? pinchou-o longe. Disse que detestava aquilo porque uma vez sua família se mudou num trem de carga e ele viajou escondido dentro de uma enorme caixa, misturado a brinquedos velhos. Sofreu demais. Foi muito enjoado aquilo. Nem imitação de apito de trem suporta.

Com a divulgação do encontro de Pedrinho, Hélio Costa fica em enorme evidência. Um cireneu. Programa-se a entrega oficial do menino, por Maria do Carmo, no Hospital da Previdência dos Servidores do Estado, em Belo Horizonte, onde ela já está internada, aguardando a perigosa cirurgia.

Solucionado o Caso Pedrinho, uma enormidade de gente fica atrás do jornalista e político, para também dar fim a incontáveis outros casos dos quais a polícia não acha o fio. A

Rede Globo, encontrando incompatibilidade entre a situação de candidato e de responsável pelo programa, de Hélio Costa, tira-o do ar. Poderia ser considerada publicidade eleitoral inadmitida pela lei própria. Mas quem conhece mesmo as razões das organizações Roberto Marinho? Pelo menos é o que foi divulgado.

54

Jayro inicia enorme e complicada viagem para ir buscar o filho. Primeira etapa dela, em avião grande, bom, corpanzil de Boeing e direto de Brasília a Manaus. Curioso: pela diferença de fusos, sai-se e chega-se na mesma hora. De lá para Porto Velho, aeroplano bem inferior, franzino, menor, e com duas escalas, por isso voando baixo, dando para serem vistos os bandos de araras vermelhas e das azuis, acima dos topos das castanheiras de sessenta metros, já quase fazendo cócegas na barriga da aeronave. Âmago da selva amazônica. Um pouso forçado ali e... oh! sofrimento, mesmo para um descendente de índios.

Tão desesperado para o encontro moroso há mais de perversos quatro anos, Jayro nem pernoita na capital da Rondônia. Prossegue e toma o velho ônibus — uma *giardineira* que os primeiros imigrantes italianos fizeram virar *jardineira*, no estado de São Paulo e no sul de Minas — rumo ao antigo assentamento de Rolim de Moura, onde nem há aeroporto. São quase dezesseis horas de lembranças de se querer olvidá-las para todo sempre: o Inferno Verde. Não bastasse o calor equatorial, em cada parada, lanches, magníficos lanches... para os pinhus — em tupi: *os que comem a pele*. Rosto e mãos de Jayro se inflamando e empipocando e coçando pra danar. Aqueles pequeninos mosquitos pretinhos, também chamados de borra-chudos, são as verdadeiras grandes feras da Amazônia. Deses-pero indescritível. Atentação. Nada consegue evitá-los.

Por fim ele chega, como retirante nordestino ou da Lagu-na. Aloja-se na mais próxima pensão da rodoviária. Cai meio desmaiado sobre um catre. Dorme picado de carapanãs e tam-bém picado é seu sono.

No dia seguinte, o desagrado de não encontrar a Maria do Carmo. Ela já está em Belo Horizonte. Mas Luiz Antônio tra-ta-o bem. Como previsível, é emocionante, mas cuidadoso o encontro com o filho. Agrada-o, procurando conquistá-lo. Trouxe-lhe um belo carrinho de fricção. O garoto se interessa e não cansa de fazê-lo rodar sozinho, por uma distância de quase dois metros, no acionamento que aprendeu logo.

Fica por ali um par de dias, até conseguir a concordância de Pedrinho e ir-se embora com ele. Impossível encontrar o juiz de Direito que acumula todas as funções, inclusive a de menores, mas custa a aparecer na comarca. Geralmente vem um substituto. Jayro, apoiado por Luiz Antônio, decide-se a levá-lo somente com a certidão de nascimento do próprio filho.

Não há tempo nem para comprar melhores roupas e até um sapatinho decente, pois Gib ou Pedrinho, usa caducas san-dálias havaianas, uma de cada cor e de tamanho diferente em cada pé. Uma pena! Que pecado!

Por coincidência é o Dia dos Pais e é hoje mesmo que Jayro vai-se embora. Reinicia-se, de madrugada, a nova torturante jornada por via térrea — costeletas de sapo —, até Porto Ve-lho, aonde chegam já alta noite, filho e pai em escombros. Resolve seguir direto para o aeroporto, com medo de ser in-terceptado na cidade, por estar com o menino em situação ainda irregular de posse.

Partirá para Manaus um avião de porte médio, somente às seis da manhã. Na incômoda sala de espera do próprio aeroporto, os dois, é ali mesmo, vão pernoitar. O menino continua brincando com o carrinho, no piso cimentado.

Mesmo exausto, Jayro busca por um telefone de onde possa fazer uma chamada a cobrar, para sua própria casa, dando notícias e informações sobre possível hora da chegada. Difícil. Repetem-se as irritantes tentativas até responder... um vizinho seu. Foi uma bofetada no rosto. Por que o vizinho ali? No seu lar? Somente por coisa ruim. Doença ou desastre. O amigo morador da casa encostada, manda-o preparar-se para notícia má. D. Otalina, ao obter a confirmação do encontro de Pedrinho e de estar ele chegando, caiu fulminada. Parou-lhe o coração. Infartada. A Seqüestradora consuma mais um crime: acaba de matar a avó do menino surrupiado.

55

Um buzinaço de estuprar tímpanos e tontear cabeças. De fabricar moucos, pois ainda somado à banda de música, foguetes de arrasar quarteirão e fogos de enfeitar o céu. Faixas uma atrás da outra, na rua que termina quase ali na Casa 13. Gente e mais gente. Rodas de adultos, mãos nas mãos, em cânticos religiosos. Chope e salgadinhos rolando. Cantoria até de duplas em recém-inventadas modas — e literatura de cordel — sobre um neném roubado por uma sobrinha do Capeta. Vivas. A nação dos jornais, tevês, efeemes, por toda banda. Verdadeiro carnaval. Automóveis sobre calçadas. Uma das faixas na entrada da rua: *Manhê, estou chegando. Pedrinho.*

Morto de sono, ele, nos braços do pai, fica apavorado com tudo aquilo. Acha que vão matá-lo. Jayro agradece à turba, sorrindo e levantando os braços, mas foge para seu quarto, onde Lia recebe os dois, recém-chegada do velório da mãe. Não sabe se ri ou se chora. A barulhada só tem pequeno hiato, quando se reza, na pracinha de fim de rua, missa campal, por padre amigo da família e acompanhada com apenas algum respeito. A turma, moçada inclusive, queria mesmo era frege.

A imprensa do Brasil, e até de outros países, festeja o reencontro de Pedrinho e sua chegada ao lar.

— É. Parece-se muito com as irmãs. Tem o jeito do pai. O andar é o da mãe.

Fotografam-no, já com banho de água e de loja. Ficou bonitinho mesmo. Tem charme o menino.

O estado de espírito de Lia é simplesmente miserável. No mesmo dia do tão ansiado reencontro com o filho, a morte da Mamãe. Não pode festejar à vontade, o lado bom, pois tem de atender à parte má, do desagradável ritual do enterro, recebimento de pêsames e o mais, de preceito. Come um prato apetitoso mas temperado com fel. Por cima, como molho intragável, a verdade irretorquível de ter a volta de Pedrinho, causado a ida de Mamãe para a Terra do Nunca-Mais.

O Camelo Negro do Infortúnio, ajoelhado, bem em frente, ruminando insensível. Falta muito ainda, para chegar-se ao píncaro do Gólgota. A fim de cumprir o compromisso assumido para a entrega em Rolim de Moura, com os ainda pais adotivos de Pedrinho, Jayro e Lia devem ir recebê-lo oficialmente, em Belo Horizonte, lá no Hospital da Previdência, das mãos da internada Maria do Carmo. Sem alternativa.

Na primeira noite, ao ser ajeitado para dormir, Pedrinho, tão logo Lia lhe ajeita o confortável cobertor verde, destampa a rir, chegando a gargalhar. Perguntado sobre tal comportamento, conta ele que jamais viu um cobertor. Nem sabia da existência daquilo. Na escaldante Rondônia, principalmente no asilo, dormia sem lençol e até sem travesseiro — e olha que em alguns raros dias do ano, a temperatura cai bem — e sempre sem camisa. Está embasbacado com o cobertor, com seu gostoso efeito e exclama:

— A gente fica parecendo um caminhão dentro da lona.

Preparam a viagem, procuram esquivar-se da imprensa na partida de Brasília e até na chegada à capital mineira. Pegam o avião. Ainda assim, alguns fotógrafos e jornalistas furam o sigilo e a privacidade desejada, nas duas cidades.

Finalmente no hospital, são encaminhados ao quarto de Maria do Carmo, só que, desde a saída do elevador, outro susto, pois se vêem seguidos de procissão da imprensa e muita outra gente, que os esperava no *hall*, evidentemente pré-avisados do acontecimento. Empurrões e mais empurrões. Um velhinho até perde o sapato.

O apartamento superlotado. Enfermeiras e outros funcionários do hospital, e doentes na escapula de seus próprios quartos, acompanhantes deles, curiosos, enchendo até o corredor, para bisbilhotar e aplaudir. Muitos choram de emoção e piedade.

Pedrinho corre a abraçar a mãe adotiva que, teatral, maquiada, arrumadinha, está no leito mecânico, que tem a cabeceira alçada e, abraçando o garoto, faz pose, toda sorrisos e bocas para as câmeras e os *flashes*. Está enfiada num grosso colete branco de gesso que recobre até seu pescoço, chegando quase ao queixo e dificultando a fala. Ela havia preparado um pequeno vaso com buquê de flores, dado por alguém a Pedrinho com ensinamento para ele lhe entregar, a ela própria. E um luxuoso chaveiro para o Jayro. Após os instantâneos devidamente registrados, a mãe adotiva devolve agradecida, as flores ao menino e sopra-lhe ao ouvido para transferi-las à Lia. Agradece às palmas demoradas. Tudo muito artificial, proporcionando evidentemente, desejada notoriedade à tão bondosa e magnânima mãe adotiva, que cede o filho à verdadeira Mamãe, de bom grado.

Para surpresa de todos, inclusive da imprensa, Maria do Carmo pede-lhes para deixarem-na sozinha, mais o menino. Até a Jayro e Lia, afirmando precisar ter uma *conversinha* a sós com Pedrinho, para prepará-lo espiritualmente, pede licença. A contragosto, e estranhando aquilo tudo, os dois mudam-se para a distante sala de espera, após apertados abraços no querido filhinho, vaidoso na roupa e tênis novos.

A conversinha é um *conversão*. Jayro lê *O Estado de Minas* da primeira à última página. Ninguém os avisa nunca, para retornar. Por duas vezes, Lia chega até ao apartamento mas, estando a porta fechada e tudo em silêncio, e nada nada ouvindo de lá de dentro, respeita a longa despedida da outra mãe.

Com mais de uma hora, o casal não agüenta e vai bater à porta. Pedrinho abre, a mando de Maria do Carmo. Essa passa a contar ter ensinado ao menino que, a partir daquele dia, Jayro e Lia eram seu pai e sua mãe e que ela seria a tia Mãezinha, e seu marido, Luiz Antônio, o tio Paizinho. Embora indo morar em Brasília, terá sempre mais um pai e mais uma mãe, em Rolim de Moura.

A custo, e ainda com teatralidade do Aleijadinho, Maria do Carmo abraça o menino, passa-lhe por três vezes, ternamente, a mão sobre sua cabeça e deixa-os partir.

No avião, de volta, já quase chegando ao Distrito Federal, a aeronave começa o procedimento de pouso e, diminuindo a altura, permite que Pedrinho, na janela, observe as primeiras e mais pobres cidades-satélites. Causa uma grande estranheza aos pais, quando, sobre Ceilândia, vendo casebres de madeira, começa a simular estar empunhando revólveres e passa a emitir sons de tiros:

— Pam, pam. Aqui na favela nós é quem manda.
Jayro adverte Lia, falando-lhe ao ouvido:
— Epa! mas o que é isso? Precisamos ficar com um pé atrás.

56

Brasília já respira aliviada. O drama que a todos contagiara chega ao fim. As notícias nos jornais da terra só publicam fotos de Pedrinho bem integrado em seu lar, risonho, amado pelas irmãs e centro de todos os carinhos dos pais. Da janela da sala, Lia por vezes fica admirando a criança a brincar no seu arborizado quintal. Ternura pura. Dá a impressão de que ele sempre morou ali. Os probleminhas de saúde são coisa superada. Apenas mostra-se, por vezes, carente de cuidados psicológicos. Vão levá-lo a uma analista especializada em crianças adotadas e abusadas. Mas nada que, aos olhos dos pais, pareça comprometedor da felicidade, a imensa ventura em que mergulharam depois de tantos anos de exasperada procura e frustrações.

Dá pena é vê-lo fascinado por mamadeira. Principalmente antes de dormir, por mais que tenha jantado, suplica por ela. Conta que antes só era dada às crianças menores. E ele ficava com fome e muita vontade de ganhar uma, sempre negada. Doía-lhe a barriguinha vazia.

A Comissão Especial encarregada de solver o Caso Pedrinho, agora diretamente sob o comando do secretário Geraldo Chaves, só está atrás dos autores do crime, inclusive a raça ruim da Seqüestradora. Dois agentes são mandados para Rolim de Moura e onde mais for preciso, para pegar os bandidos.

Quanto a se revogar a temporária e imperfeita adoção, por parte de Luiz Antônio e Maria do Carmo, formalizando-se a devolução aos pais legítimos, apenas um derradeiro ato. Está começando a se tornar mais conhecido e falado o tal exame de DNA. O juiz de Menores do Distrito Federal, depois desembargador, Dr. Nívio Geraldo Gonçalves, determina esse teste que apresenta resultado 999,8 por 1.000 certo. E o próprio secretário da Segurança, auxiliado pelo da Saúde e com verba extra, liberada, encomenda-o a um confiável instituto de Belo Horizonte.

Quando da coleta do sangue — material genético — de Lia, esta, mais do que o marido, fica um tanto apreensiva, mas o Criador não seria tão inclemente, a ponto de causar-lhe mais uma decepção. Até se esquece daquilo por um tempo. Pois, e a marca, tipo verruga maior, na parte de trás da cabeça do menino? é idêntica a que Jayro e as filhas têm. E o pequenino traço vermelho entre as sobrancelhas, parelho ao dela própria? A perita encarregada de sugar-lhes as porções necessárias de sangue apenas se identifica como *Ruiva*. E promete um breve resultado. Promessa que não será cumprida. Demora um tanto. Um tantão.

A família não consegue sair para centros comerciais ou clubes, pois logo são cercados todos, por um sem-conta de pessoas querendo tocar no Pedrinho e mesmo abraçá-lo e congratular-se com os felizardos pais. Chegam a presenteá-lo com balas e chocolates. Até sorvete. A mãe, ciosa, não aprecia isso não. Cuidadosa, muitas vezes, toma-lhe as guloseimas para depois substituí-las por outras, compradas por ela em pessoa. Alguns querem tirar retratos ao lado do Pedrinho. Pedem-lhe autógrafos, não desconfiando que o até há pouco abandonado menino sequer aprendera, ainda, a escrever seu nome. Se estão de carro e a caretinha simpática e sorridente do Pedrinho, já tão divulgada pela mídia, aparece no vidro da janela, é um deus-nos-acuda para que outros carros não batam no deles ou que motoristas mais afoitos cheguem a perturbar com as buzinas. Sempre que voltam para casa, há vários brinquedos e outros presentes mandados por conhecidos ou meros torcedores. Até firmas, no interesse nem sempre bem disfarçado, de promoção publicitária, mandam coisas, as mais variadas.

No mais, o dia-a-dia é um éden.

57

Os policiais de Brasília encontram, em Rolim de Moura, um povo muito acessível e gentil, à disposição para colaborar nas investigações. Embora pessoa alguma negue, em princípio, prestar um favor, todos, entretanto, se mostram evasivos quando perguntados sobre o caso de Gibson ou Pedrinho, que colocou a cidade nas primeiras páginas de jornais e até de revistas de grande circulação nacional. Preferem eles próprios fazer perguntas aos agentes da Capital da República e inteirarse do estranho e sensacional Caso Pedrinho. Coisa de fita de cinema.

Chegam os policiais ao Lar Ebenézer que teria acolhido o guri no seu segundo ou terceiro abandono, por quase dois anos. O primeiro foi na rodoviária. E uma tal Nadir o levara para sua casa e, sem qualquer formalismo legal, o mantivera em sua companhia por algum tempo. Depois o largara, sem mais nem menos, naquele asilo. Os moradores chegam a afirmar que na cidade há muitas Nadir. Imagine. De indústria, para dar desculpa. Nome tão incomum! Mas não se alongam um centímetro para fornecer mais qualquer notícia. O delegado local, bacharel Furlaneto, resolve encerrar as investigações, convencido de que a mulher dera nome falso e nunca encontraram nenhuma que tivesse ficado anos com o Gibson. Isso somente era mais mentira. Falava-se numa tal de Valquíria* que havia vindo com ele do Rio e para o Rio de Janeiro voltara, sem dinheiro nem emprego para viver em lugar tão pobre, deixando a criança para trás. O promotor público da comarca, fazendo o papel de curador de menores, percebeu, ao primeiro contato, quando buscavam uma forma de fazer-se seu registro de nascimento, que Gibson era diferente dos outros miseráveis meninos. Um belo garoto, mesmo naqueles trajes ou não trajes. Um ser humano cheio de irradiante luz. Sim. É isto: Gibson tem forte luz.

Sugerira à diretora do Lar, D. Cecy, e a amigos e funcionários do fórum que se buscasse um casal para adotar tal criança, desajustada naquele asilo, merecedora de um lar de verdade.

Gibson chegou a ser enviado para lonjura ainda maior, cem quilômetros de distância, numa tal diminuta e poeirenta Pimenta Bueno, onde não se acostumou e chorava sem parar, falto dos coleguinhas de infortúnio. Retornou poucos dias depois. Em seguida, Luiz Antônio e Maria do Carmo aceitaram adotá-lo e o receberam caridosamente em sua casa.

Assim iria ele seguir sua vidinha. Mas aconteceu o programa da Rede Globo e tendo também assistido ao *Linha Direta*, um irmão de Valquíria, já residente em Rolim de Moura, procurou ele as autoridades dizendo ter mais notícias — e verídicas — sobre o caso, principalmente sobre a estada dela naquele lugar.

No Lar Ebenézer, sua abnegada diretora, D. Cecy, confirma ter entregue, com processo judicial próprio — assinada a autorização pelo juiz —, o menino a Luiz Antônio e Maria do Carmo, em guarda provisória. É um interno bonito e inteligente, mas o abrigo sempre foi muito carente até de munição de boca. Que pena, as crianças ali assim recolhidas, trajando apenas um calção velho e desajeitado! Na parte de cima não usam camisas nem nada, dia e noite. Torsos e barrigas peladinhos. Repasto para os esganados pinhus e carapanãs. Uma carnificina. Apenas os mais novinhos têm camisetas, embora também à moda franciscana. Não há mamadeiras para todos. Nem pão suficiente. Nem calçados. Andam mais é descalços. Gibson ali não tinha uma só camisa, nem uma cama só dele, nem sobrenome. Nem cobertas. Nem sapatos. Nem certidão de nascimento e pois nem dia dos anos. É triste para qualquer pessoa não ter um dia de aniversário. Ouvir cantar os parabéns. Só para ela. Mais desolador e frustrante ainda, tratando-se de uma criança. Pois Gibson e seus companheirinhos nem isso tinham, já que a maioria não possui sequer nem aquela certidão, nem a de batismo. Como é triste não ter, seguindo o resto das gentes, um dia dos anos, com um bolo de aniversário, com velinhas, pobrinho que seja. Nem existem legalmente, quer saber? Só a custo, a bondosa D. Cecy fez Gibson pronunciar seu primeiro nome, mesmo assim de maneira pouco compreensível. E virou Gib para simplificar. Cinco por cento das crianças nascidas em Rolim de Moura são abandonadas todos os anos.

58

Lia, até buscando negar isso, para não ser ingrata, não gostara muito de Maria do Carmo e estava aturando-a cada vez menos. Talvez uma certa dose de ciúme de mãe. Mas a outra não largava do telefone, mesmo, fazendo pedidos absurdos como, sob a alegação de estar o casal em Brasília e, pois, próximo da presidência da República, tanto que o Sarney se interessara pessoalmente em ajudá-lo, fosse arrumado um encontro com o novo presidente, o Collor. Para quê?! Para se sentarem presidente, sua mulher Rosane Collor, então comandando a Legião Brasileira de Assistência, ministros relacionados com a idéia e ela, Maria do Carmo. Para obterem a página de frente, nas maiores revistas do Brasil, e nas televisões, com o objetivo, considerado genial, da criação de uma *Associação de Assistência às Mulheres Que Queiram Doar os Filhos*. Evitando-se as doações. Pura utopia e simploriedade. Sonho delirante. Maria do Carmo, claro, seria a presidente, mesmo porque ela já fora funcionária do Banco do Brasil e tinha grandes conhecimentos de administração, pois, por aquele próprio banco, fizera curso de pós-graduação bancária (?!) e ainda era formada nos Estados Unidos (?) e tinha filhos adotivos (os do novo marido) e queria ter mais doze (!). E já escrevera quatro livros (!), nunca indicados. Lia começa a fugir de seus telefonemas e intermináveis conversas. Ah! as tais *conversinhas*. Até sua cirurgia na medula nunca se efetivou. Felizmente, claro, não foi preciso. Embora, sem dúvida, vítima de sério acidente, exagerava seus efeitos. Teria tido alta do hospital em Belo Horizonte e já voltara para Rolim de Moura, onde, dramatizava para Lia: é dolorosa a ausência do Pedrinho, sentida a todo instante pela casa. Mas, apesar de tudo, fora honesta e ética ao se apressar a devolver-lhes o filho. E tal menino parecia querer bem a Luiz Antônio e Maria do Carmo, mesmo sendo maltrajado. Com certeza faziam pelo adotado o possível. E o possível, para eles, não era, no frigir dos ovos, muito. Por isso Lia ainda relevava aquelas coisas, sem propósito, até algo disparatadas.

De completa perfeição a vida de Jayro e Lia, depois de tão atrozes sofrimentos. A família reunificada, o Pedrinho já com o guarda-roupa em dia, vários e espertos pares de tênis, sendo apenas revoltante lembrança as duas sandálias havaianas, cada qual de uma cor e comprimento, causando até hilaridade, nos pezinhos dele. Ridículas. Mas Brasília inteira relaxava os músculos, depois de tamanha tensão.

A mãe volta à janela dando para o quintal e fica namorando o filho de cócoras, a construir casinhas com peças de madeira, ora tendo tal óleo sobre tela, de Teruz, escondido por segundos, por um lençol posto a secar no varal, tangido pela brisa.

E quando o pega no colo, então? O danadinho sabe mostrar-se grato e carinhoso. Risonho, brincalhão. Passa as mãozinhas pelo rosto dela. Só não gosta de beijos. Tem mesmo horror. Cada vez mais repugnância. E a mãe não insiste. Mas se delicia com o calor do seu afeto. Penteia-lhe os cabelos com longos agrados e carícias. Perfuma-o. Mima-o.

Desde o momento em que começou a padecer com a subtração de Pedrinho, Lia, às duras penas, foi notando a revoltante realidade de certas pessoas os procurarem com algum interesse escondido, menos nobre: vantagem financeira, notoriedade na mídia, curiosidade sádica de estar próximo ao sofrimento alheio, até satisfação de outros desvios mentais, piores.

Chega à sua casa uma mulher, dizendo que, curiosamente — Veja só! —, tem o nome que é o apelido dela: Lia. De sobrenome Morgan,* delegada da Polícia Federal e principal assessora do secretário da Segurança Pública de Brasília. Envolvente, torna-se íntima da casa e diz estar auxiliando, com empurrõezinhos, na conclusão do teste de DNA, em andamento na capital de Minas.

A mãe de Pedrinho a trata muito bem, mas algo em sua companhia a faz sentir-se inquieta, desconfortável. Já olha para o filho com um certo aperto no coração. Por que tanta importância ao exame de paternidade e maternidade?

O certo é que os dias começam a se tornar um pouco angustiosos. Mas ela tenta esconder a inquietação, no desfruto do carinho e do cuidado em relação ao Pedrinho. Não faz nem um mês a chegada do filho. Tudo ainda rósea novidade.

A xará Lia muitas noites fica para jantar e vai dando notícias dos esforços de seu chefe, o secretário Geraldo Chaves, para a breve chegada do resultado do DNA.

Uma vez ela passa dois dias sem dar sinal de vida. Lia ainda não fica muito mais apreensiva, só por isso. Pai e mãe estão muito seguros de ser o Pedrinho mesmo, sem dúvida, aquele belo menino debaixo de seu teto.

Então a segunda Lia, já perto da meia-noite, telefona para eles, em pleno sono, pois ela, no Banco Central, e ele, na Receita Federal, tinham muito trabalho para o dia seguinte, além dos afazeres domésticos.

Sugere seja separado o melhor vinho ou até um champanhe importado, para irem brindar, na noite seguinte, pela maravilha supimpa do segredo que lhes vai confiar — mas, olha lá, tudo superconfidencialmente, hein? —: o resultado do DNA foi positivo para ambos. Jayro é o pai e Lia é a mãe daquele garotinho. Garantido. O casal fica no Paraíso, eufórico, e nenhum dorme mais, até amanhecer. Trazem o Pedrinho para se deitar na cama com eles e o ficam adorando e acarinhando.

Alonga-se a espera, ainda por mais de uma semana, até o casal receber o convite para uma reunião solene, oficial, no auditório da Secretaria da Segurança Pública, onde estarão presentes também o secretário da Saúde e o meritíssimo juiz de Menores, Dr. Níveo Gonçalves, promotores de Justiça, curadores, o advogado Dr. Aidano Faria, além de outros convidados, e da imprensa.

Jayro e Lia, tão confiantes, nem se deixam tomar por aflição nenhuma. Preparam-se para a ida, no horário marcado.

136

Marcha batida para a vitória. São recebidos por inúmeras pessoas, com aplausos e cumprimentos. Álacre é a salva de palmas.

Formada a mesa, fotógrafos em roda, câmeras de TV, como numa sessão reveladora dos ganhadores do Oscar, o secretário Geraldo Chaves, depois de saudar — acompanhando o protocolo — a todos, toma de um grande envelope branco, lacrado, inviolável, pois, com o timbre em azul royal: *Núcleo de Genética Médica de Minas Gerais,* abre-o com uma tesoura e anuncia:

— O resultado, tanto da paternidade de Jayro Tapajós Braule Pinto, quanto da maternidade de Maria Auxiliadora Rosalino Braule Pinto, é... *negativo.*

Silêncio de cair um alfinete no chão e se ouvir o blim-blim-blim. Incredulidade. Alguém pede que o secretário da Segurança repita e esclareça: — O sentido não deverá ser entendido às avessas, *negativo* querendo dizer *confirmadas a paternidade e a maternidade?*

Ainda com envelope e laudo nas mãos, o Dr. Geraldo Chaves diz que não, e dá detalhes, contando que o médico responsável pelo laboratório mineiro, Dr. Sérgio Danilo Pena, lhe confiara a notícia inesperada, na noite anterior, já tarde, por ligação interurbana, garantindo a exatidão do exame de DNA. Teria falado ao médico:

— Dr. Sérgio, o senhor acaba de me dar um soco no peito.

Pena não terem prevenido os desgraçados pais. Inclusive recomendando-se médico a acompanhá-los, para não se repetir o já ocorrido com a avó de Pedrinho: ataque cardíaco mortal. Realmente foi uma falha.

Lia perde o fôlego. Aproxima-se de uma janela aberta e busca encher os pulmões. Parecem-lhe paralisados. Está branca como sal. Um ambulante sorveteiro vende picolés, folgado, malemolente, lá embaixo, na rua. Isso lhe parece ilógico e estranho. O que é que aquele homem está fazendo ali, tão tranqüilo, enquanto tamanha tragédia ocorre com ela? A humanidade nem se incomoda?! O chão quer chegar-lhe ao rosto. Ela deseja que o mundo acabe. Alguém a ampara.

Jayro não acredita no resultado divulgado. Simplesmente não acredita e diz que vai recorrer. E a marca na cabeça? igualzinha à da família toda. Até um tio dele, também dos Tapajós, a possuía. Vai ver que vem dos índios. Marca tribal. E o sinalzinho na testa? O da mãe?

Lia não sabe como, de repente, encontrou-se, de novo, deitada em sua cama. Nem quem a levou, nem o que falaram com ela. Se falaram. O céu caíra outra vez.

59

Primeiras páginas em tudo quanto é jornal. Edições extras em muitos canais de TV. Brasília — e, por que não dizer, a Nação toda? — volta a se contorcer de agonia e desapontamento.

Jayro e seu advogado Dr. Aidano procuram no dia seguinte, o secretário da Segurança, alegando ter havido nulidade por violação do sigilo do exame, aliás feito sob a égide do segredo de Justiça. Contam da revelação de sua assessora, a delegada federal, Lia Morgan. O Dr. Geraldo Chaves diz não ter assessora alguma e sequer conhecer referida pessoa. Vão averiguar no Departamento de Polícia Federal e jamais se ouviu falar tal nome. Lia Morgan some, para sempre. Virou pó.

Garante o secretário da Segurança que, até ao momento da proclamação do resultado do exame, unicamente o médico Dr. Sérgio, já treinado e recomendado no sigilo, e ele próprio, sabiam do resultado que não foi conhecido por ninguém, mas ninguém mesmo, e vai investigar o uso de falsa identidade, da que se apresenta como delegada federal e assessora sua.

Jayro, com seu procurador judicial, visita o sempre atencioso juiz de Menores, Dr. Níveo Gonçalves e lhe pedem para requisitar novo exame de DNA, feito com maiores cautelas. Detalha o fato de aquela criança já os chamar de papai e mamãe. Embora afamado pelo seu humanismo e especial amor e carinho para com crianças desvalidas ou em perigo, ele diz não haver condições, nem necessidade, e não pode prometer nova perícia, mas consulta Jayro sobre a hipótese de ficar ele como pai adotivo do, de novo, Gibson. Para tanto poderia contar com seus ofícios, pois lhe parecia ser melhor, mais seguro para a criança, permanecer com Jayro e Lia, do que voltar para cidadezinha tão pobre e distante, já perto da Bolívia.

Ainda atônito e indeciso, Jayro diz ter de consultar e conferenciar longamente com a mulher, nos próximos dias, passado o terremoto daquele novo e tão inesperado contratempo.

Lia está acamada e ouve a hipótese que lhe traz o esposo. Pede mais tempo. Ficando sozinha no quarto, sente ganas de falar com o Pedrinho — o seu filho Pedrinho, o verdadeiro, onde ele estiver. Pega o caderno e volta a escrever-lhe:

— *Onde você está? Me procure também, para nos encontrarmos de verdade. Te amo muito, saiba. Vovó tinha tanta vontade de revê-lo, pelo menos uma vez. Me dê um sinal se você é ou não o menino que está nesta casa. Um sinal qualquer. A única coisa a me confortar é saber que você não está sofrendo, embora tanto soframos nós.*

Nem bem fecha o volume encadernado e já quase manuscrito até ao fim, e o garoto empurra a porta e vai para o colo dela, que o abraça e acaricia, numa emoção diferente. Convida-o para irem tomar um suco de graviola, por ele tão apreciado. Quando atravessam a sala, rumo à cozinha, no grande espelho da parede, Lia pára sem acreditar no que vê. Ou no que *não vê*. Só a sua figura está refletida. A do menino não aparece. Empurra-o delicadamente para outro lado, quase o coloca diante do vidro espelhado... e nada. Gibson não se reflete.

Fica então sabendo que Pedrinho não está presente. Compreende ter o filho verdadeiro recebido seu apelo telepático. E respondido. Ele está longe, muito longe.

Vai preparar o suco e escolher uns biscoitinhos para dar, ainda com carinho, ao desventurado Gibson, criança de triste sina, sem pais novamente, sem nome certo e sobrenome legal, sem casa de direito. Sem dia de aniversário. Dá vontade de chorar não ter mesmo, um dia de seus anos. — Bolo?! — nem nunca ouviu falar. Ah! as velhas e gastas sandálias de dedo, de cores e tamanhos diferentes. O busto pelado! Os pinhus e carapanãs.

60

Luiz Antônio liga da Rondônia para Jayro e quer ouvir de sua própria boca que o exame de DNA dera zebra. Este lhe diz ser verdade mas não como definitivo, pois está estudando com seu advogado fazer-se outro exame, diante de algumas nulidades do primeiro. O pai adotivo se une a ele nessa disposição, relembrando a igualdade das marcas de nascença, na cabeça. Só que Maria do Carmo está querendo a volta do menino. Já que não é o Pedrinho, ela o deseja em casa, de novo. E logo. Jayro pede-lhe um pouco de paciência.

Ainda sem ter recuperado a serenidade mínima para tomar decisões, Lia em princípio, discorda da volta da criança para aquele Inferno Verde. Os adotantes provisórios legais deveriam lhes dar um bom prazo para reflexão, e descobrir o melhor também para o garoto, que sem dúvida estava mais a clamar por proteção. A criança de destino tão cruel, impiedoso e já supersofrida e pisoteada.

Maria do Carmo, porém, todos os dias, continua insistindo em falar pelo telefone com Lia e, muito rapidamente, vai ficando diferente daquela gentil pessoa que mandara o filho entregar-lhe flores e presentear o Jayro com o tal chaveiro. O relacionamento entre as duas começa a se azedar. Queima-se o filme.

A mídia fala na eventual realização de novo teste de DNA. Jayro declara a todos que, nas poucas horas ao lado de Pedrinho, quando de seu nascimento, notara, e bem, mais um sinal: no meio das sobrancelhas, esse já igual ao de Lia. Pouco lhe importa o que diz *o papel*. Na realidade ele reencontrara o Pedrinho. E quer que tudo isso seja esquecido e o filho passe a ter uma existência normal, ao lado de suas filhas. Nem assim o secretário da Segurança quer apoiá-lo e só deseja preservar os interesses daquela criança, para ele, já então, sem dúvida o Gibson e não o Pedrinho. Alega ainda haver direitos dos pais biológicos a serem preservados. Mas seriam mesmo pais os que o abandonaram numa rodoviária, no fim do mundo?

Jayro, mais, muito mais entusiasmado que Lia, passa a pensar então, em adotar aquele que teimam em dizer tratarse do Gibson. O juiz de Menores o animara a isso. E ele completa:

— Lutarei e ganharei, pois, no final das contas, estarei adotando o meu próprio filho.

Maria do Carmo insiste na cobrança da volta da criança. Começa, impertinente, a martelar, insuportável, com Lia. Essa já sabe não ser aquele o Pedrinho, mas mesmo assim, também para agradar o marido, vai pugnar pela adoção do Gibson. Vão tentar mantê-lo na Casa 13. Para o bem dele. Merece. Bom menino. De companhia tão agradável.

Luiz Antônio, certamente sob influência da mulher, muda de idéia e de atitudes. Aparecem na imprensa do país, declarações suas no sentido de não querer confusão para o menino, mas sim e só a sua imediata volta para Rolim de Moura e ficando o mesmo com eles, pois tão complicada é a história de Gibson, que recebera confirmação do fato de o registrado pai dele, também não ser pai coisa nenhuma. Embora casado com a mãe, ela fora emprenhada por um parente próximo. E o marido o enjeita. Mais esta! Fazendo coro, Maria do Carmo, sempre cheia de frases de efeito, declara ter tido, nos nove meses, convividos com ele, uma verdadeira gestação do Gibson. Ele nascera dela, que o reconstruíra, naquele período em que viveram juntos, mesmo fora de seu ventre. Dera à luz uma nova criança, já sadia e bela. Mãe sim, mãe verdadeira e o casal, peremptório, afirma que lutará em todo e qualquer campo de batalha, com o máximo de suas forças, para recuperar a guarda daquele filho e obter sua adoção definitiva. Culpam ainda a tal Lia Morgan pela polêmica causada, com a informação mentirosa a Jayro e Lia — dos quais dizem estar com pena — de que o DNA dera positivo.

Maria do Carmo, já bem abespinhada, volta a telefonar todos os dias para Lia. Essa se sente desencorajada de abrir uma nova frente de guerra. Mas ainda resiste um pouco, em respeito ao desejo de Jayro, até que aquela mulher da Rondônia a ameaça de envio de um oficial de Justiça e até da própria polícia, à sua casa, para recuperar a criança. A briga seria de foice e tijoladas, inclusive entre dois pontos tão distantes do território nacional, discutindo-se a competência do juiz de menores a decidir a lide. Lia não tem mais força alguma para isso.

Vai continuar insistindo no encontro do verdadeiro Pedrinho embora também morra de comiseração por Gibson. Capitula. Entregam os pontos.

Poucos dias depois, Luiz Antônio vai a Brasília buscar o Gibson. Foram necessárias muitas caixas grandes, conseguidas vazias no supermercado, para embalar todas as roupas, sapatos e muitos brinquedos dele. As meninas ajudaram. Na véspera, voltando da Receita Federal, Jayro tem uma vontade repentina. Desvia-se para uma boa sapataria e ali escolhe uma sandália de couro, aberta, elegante, adequada para o clima amazônico e a compra. Chegando em casa, dá mais esse presente ao Gibson. Leva-os ao aeroporto e foram precisos dois carros para carregar José Antônio, a criança e aquela tralha toda.

Lia não deseja ir junto, nem sai do quarto, para não morrer de emoção com a dor que qualquer despedida causa. Ainda mais uma como aquela. Apenas pede lhe levem o garoto, para o adeus. A sós, os dois. Ele mantém o hábito de chupeta na boca, mais ainda em momentos de nervosismo. Ela o abraça forte, faz-lhe carinhos, convida-o para comer alguma coisa. Ou beber. — Um toddynho? — Não quer, balançando a cabeça. Alerta-o para levar tudo seu, tudo, tudo, pois foi dado de coração. Não deixar nada para trás. E que aproveite bem. Nada jamais lhe falte. Menos ainda um prato de comida. E abrigo. E amigo. Aperta muito a sua face na dele e faz mais e mais bons votos de feliz viagem e:

— Que Deus, Todo-Poderoso, ilumine seu caminho, meu bem. E que seja longa e macia a estrada de sua vida.

Gibson pára, rosto tão angelical, covinha na bochecha esquerda, havia engordado bastante e ficara ainda melhor, mansos e resignados olhos pregados nos dela, tira a chupeta da boca, segura-a com uma das mãos, aproxima-se bem de Lia e — surpresa das surpresas! — dá-lhe um beijo, mas um beijo fundo, um beijo daqueles, o primeiro dado, de sua vida, no rosto de Lia. Volta a pôr a chupeta na boca.

Ela que já aprendera a chorar por dentro, nesse instante derrete-se toda. Por dentro e por fora. E o choro sai às escâncaras.

61

A força da televisão é muito mais forte do que os mais otimistas calculam. A equatorial Rolim de Moura ainda consegue se esquentar mais, com o assunto de todos lares, botequins, repartições, enfim, na cidade toda. O irmão de Valquíria que também assistira ao *Linha Direta,* cada vez mais se convence de tratar-se de um sobrinho seu, aquele Gibson, centro de tanta atenção no país e até na Bolívia.

Além de notificar as autoridades, ele manda um recado para a sogra, no subúrbio carioca, para ela comunicar o que se passa, ao pai de Gibson, Wilton,* um simples servente de pedreiro, morador em outro subúrbio do Rio. Tal pai, curiosamente, tem gosto e mania por nomes americanizados. Já batizou assim, outros filhos. Um, até, de Washington.* De fato sua esposa deixara o Gibson na Rondônia, abandonado numa rodoviária, socorrido em seguida por uma cunhada, mera lavadeira, a qual, não agüentando sequer sustentar-se a si própria, e como a mãe não voltava jamais para buscá-lo, entregou-o ao asilo, dando o nome falso de Nadir e escondendo ser tia dele. A polícia de Rolim de Moura e seu Juizado de Menores completam as investigações, ajudados pela polícia do Rio de Janeiro. Esclarecido fica o nome inteiro de Gibson, nesta parte verdadeiro, com sua filiação e, finalmente... um dia de aniversário. Mas continua enjeitado pelos pais de sangue.

Supliciada criança. Desde a origem sofrendo horrores, pois o pai, do registro de nascimento, passou logo a cismar que o menino era mesmo filho de um cunhado seu, e não dele. Daí desinteressar-se por ampará-lo, ainda porque não passa de modesto operário da construção civil. Gibson morou numa favela carioca e andou de déu em déu, em várias outras cidades e diversas casas até parar nos confins do Inferno Verde. Há fortes suspeitas de ter mesmo sofrido abusos sexuais. Porque era — sempre foi — muito mais bonitinho que os outros.

O promotor público de Rolim de Moura, acumulando funções de curador de menores, afirma ser irregular a permanência de Gibson em Brasília, tanto quanto foi irregular sua ida para lá, mesmo com a anuência dos provisórios pais adotivos. Vai insistir na volta do menino. E rápida. Insiste.

Jayro havia propositadamente insistido em viajar com quem supunha, de boa-fé, ser seu filho, munido apenas de uma certidão de nascimento, para provar a facilidade com que se podem remover menores, até para o estrangeiro. Não tiveram cuidado algum com Pedrinho quando bebê. Qualquer pessoa, como ele fez, apenas portando uma certidão de nascimento, da qual se constate à primeira vista, poder ser de alguém com a idade do subtraído, passa tranqüilo, pois não há impressões digitais, menos ainda foto, e nenhum laço material a ligar e comprovar que a criança seja a mesma da certidão. Entrar na Bolívia seria uma moleza. E, dali para a Europa, não muito mais difícil, calcula.

Depois, se recorda com carinho e sorrisos:

— Levei o Pedrinho de Rolim de Moura a Brasília, num 10 de agosto, Dia dos Pais.

62

A partir do encerramento da desilusão com os episódios da Rondônia, o Caso Pedrinho começa a desaparecer, quase por completo, da mídia. Lá de vez em quando, uma grande revista ou algum suplemento de jornais de muita circulação faz pequena referência em matéria que tenha alguma conotação. Quadradinhos somente.

As polícias também, tanto a do Distrito Federal como a Federal, dão por encerradas as investigações, cansadas, principalmente, de pistas falsas. Um dos delegados, o mais velho, de tantos anos de polícia, amante de sua profissão, e responsável direto pelo caso, chega a dizer:

— Só se resolverá esse mistério, quando algum dos verdadeiros culpados resolver abrir o bico.

Outro deixa a família mais desesperada ao declarar a um jornal, na década de 1990, que o crime está prescrito. Caducou. Certamente não lera a lição do juiz de Menores, Dr. Lívio, também veiculada pela mídia, de que esse delito contra o exercício do pátrio poder não prescreve enquanto não se interromper a pluralidade daqueles fatos criminosos da mesma espécie, repetidos a cada instante, pelos mesmos responsáveis. É o chamado crime continuado, como a bigamia. Permite ele a prisão em flagrante, a qualquer momento e em qualquer lugar, daquele que se casa de novo, estando a primeira mulher viva e sem rompimento do vínculo conjugal pelo divórcio. Reconhece a lei uma *unidade* de fatos, em razão de sua homogeneidade objetiva, impeditiva da prescrição.

A mesma coisa quanto ao crime contra o pátrio poder, na sua forma de subtração de incapazes. A cada dia, a cada instante, o criminoso está repetindo a mesma ação e ocasionando os mesmos formidáveis efeitos aos tão feridos familiares. Veda-lhes o desfruto da condição de pais. Sempre em estado de flagrante, passível de prisão.

Entender ao contrário permitiria imaginar-se um absurdo que nenhuma lei apadrinharia: a Seqüestradora, passados alguns anos da retirada do Pedrinho, do berço, na maternidade, ir parar em frente à Casa 13, fazer pito-pitô para Jayro e Lia, confessar que foi ela mesma e... pronto. Caducou o direito/dever de o Estado puni-la. Não. Aquela bandida continua em flagrante. Deve ser presa se e onde encontrada. O flagrante é permanente. Certo que em 1997 houve uma sentença, no processo, considerando extinta a punibilidade, por prescrição. Mas numa criação jurídica, inaugurando-se jurisprudência, pois é inédito no Brasil, um julgamento como este, bastante razoável considerar-se, no dia imediato, o reinício do crime, visto persistir a subtração. Já aconteceu caso bem parecido e com essa conseqüência, nos Estados Unidos, onde, mesmo muitos anos depois da retirada de um menino do poder dos pais, houve mandado judicial para a polícia ir prender, na própria residência, aquele que retinha o menor.

O crime de subtração de menor pode ser, ainda, considerado como delito subsidiário, constituindo-se elemento de outro crime, o do propriamente chamado seqüestro e previsto no artigo 148 do Código Penal. Este a merecer maior atenção e até um novo inquérito.

Felizmente, no âmbito civil, a Justiça do Distrito Federal agiu com acerto, conforme oficialmente já publicado, em acórdão na Apelação Cível 45093/97:

Desaparecimento de recém-nascido em hospital. Culpa presumida. Indenização. Ao receber um paciente, o hospital assume uma atividade complementar àquela considerada principal, ou seja, manter severa vigilância sobre o doente, garantindo a sua incolumidade. Comprovado o desaparecimento de criança recém-nascida, no interior do hospital, falhou a vigilância respectiva, emergindo o dever de indenizar. O desaparecimento do infante deve equivaler, para efeito de estabelecimento de conseqüências reparatórias no âmbito civil, à morte, eis que faz cessar por completo o convívio. O Santa Lúcia foi condenado a indenizar os pais, como se morto fosse o Pedrinho.

Não se deve olvidar, de jeito nenhum, pela sua gravidade, ter a Seqüestradora, além de outros delitos, provocado, ou pelo menos colaborado, para a morte da avó de Pedrinho, ainda que em homicídio preterintencional. Indispensável o reinício das investigações e continuação da caçada ao Pedrinho e aos seus algozes, face às conseqüências das malvadezas e capetices contra aquela família. Principalmente na alma e na consciência de Lia, por ter sido, ao lado da falecida, feita de boba pela pérfida e refinada embusteira. Quem não cai em tais arapucas e trampas?

O curso desse processo civil, patrocinado pelo eficiente advogado Dr. Arturo Buzzi e seus auxiliares, foi e continua penoso.

Durante seu andamento, ressalvando-se ter sido legal e como previsto em lei, com a mais ampla defesa da Casa de Saúde e Maternidade Santa Lúcia, finalmente condenada e entrando num acordo parcial, mas sem pagamento do dano moral. Na avença, pagou de uma vez só, o que deveria ser pensão mensal até o menino atingir 65 anos. Certo que com desconto convinhável a ambas as partes. Lia, antes, e para isso, passou por desagradáveis constrangimentos, em audiências judiciais, sendo compreensível o que escreve para Pedrinho:

Ontem à tarde fiquei sujeita a pessoas horrorosas, me fazendo acusações horrorosas e atribuindo-me culpa ainda mais horrorosa, por eu o haver entregue a quem se dizia assistente social.

Parece que eles não imaginam quanto foi doído para mim não ter visto você falar a primeira palavra, começar a andar, agradar um cachorrinho pela primeira vez, mostrar o primeiro dente, dar-

me a primeira bicota. E se não vi, nunca, mas nunca mais, pela Eternidade toda, verei isso. Fui definitivamente furtada desses encantos que só uma mãe sabe quanto valem.

63

É de manhã. Bem cedo. Céu limpo. O rapazote, à janela do ônibus intermunicipal, mira a paisagem, mas não a vê. Pensamento em lonjuras sem fim. Lonjais, lonjais. Viaja sozinho e nem toma conhecimento do passageiro ao lado. Ouve o barulho dos pneus no asfalto. Cadenciado ruído de amortecedores e molas pra cima e pra baixo. Como as rodas de um trem marcando as passagens pelas emendas dos trilhos, há um baticum constante e até, como acontece no mundo inteiro, mesmo em pobres marias-fumaças, isso sugere à alma dos passageiros, repetida curtas frases ou trechos de músicas ou ritmos, neutralizando a monotonia do custo a chegar.

Pedrinho desabotoa e escancara a camisa tangerina e fica imaginando que música será aquela, querendo entrar em seu espírito. São os primeiros compassos de *Anunciação*, de Alceu Valença, em parceria com Rubens Valença, que Lia lhe mandou telepaticamente, na carta de ontem. Sua mãe lhe conta da descoberta desta composição, tão bela na letra e na melodia, tudo como se tivesse sido feita para eles dois. Só e especialmente para eles. Passará a ser seu hino particular:

Na bruma leve das paixões que vêm de dentro
Tu vens chegando pra brincar no meu quintal

O mocinho sente enorme e inexplicável inquietação. Aspira e expira, em afundados haustos. O amor materno o acaricia:

No teu cavalo, peito nu, cabelo ao vento

E venta mesmo. Seus cabelos se desfraldam. Cor de mel jataí e amêndoas. Tem vontade de sair voando pelas colinas afora. Naquele veículo rodoviário, vai demorar bem mais de uma hora para chegar à sua casa, mas não ao seu verdadeiro lar, onde vive aflita, sua pobre e desventurada mãe. Um lar real. Com mangueira, passarinhos atrás das folhas, cachorro e prancha de papagaio.

E o sol quarando nossas roupas no varal

Mistura de dor e de alegria na alma do belo rapaz. Sente o chamado materno e ansiedade. Louco para agir:

Tu vens, tu vens
Eu já escuto os teus sinais

Pedrinho compreende os versos tentando entrar pelos ouvidos e sente a música, a qual repete mentalmente e intui tanto a letra também, que até responde à bênção materna, com que Lia encerra a carta.

— Deus te abençoe, meu filho. Beijos.

— Deus te abençoe, minha mãe. Obrigado. Muito obrigado. Eu vou aparecer.

Anjos disseram Amém.

64

Mas uma densa cerração fecha-se sobre o caso. Anos já haviam se passado por aquela acidentada via da existência de Lia e Jayro. O carinhoso e tão solidário povo do Brasil, sempre querendo saber do Pedrinho — onde estaria, como vive? com quem? e os pais? e a polícia? — teve sua atenção desfocada para outras acontecenças como copas do mundo, planos econômicos, mudança de moeda, as bárbaras reinações do peralvilho Collor, finalmente chutado, rampa abaixo. Novidades nas artes, nas guerras, quentes ou frias, por vezes misto-quentes, incandescendo a Nação.

O açoitado casal lá esquecido na Casa 13. Mas não por mim. Eu, à época do furto do bebê, morava no Lago Norte, vizinho, embora não muito próximo. Recordo: sofro dia a dia, como todos, ao abrir o jornal, manhã cedinho, ao ouvir as rádios no carro, ao ver as televisões à noite. Meu coração fica pequenininho. Deste tamanho: olha só! Laços invisíveis mas fortes ligam-me a Jayro e Lia. É domingo das vésperas do carnaval de 1999. Não moro mais no mesmo lugar. Mas continuo sentindo a força atrativa daquela gente. Na véspera havia, em sempre venerado respeito à ética, consultado o advogado deles, por sinal um velho amigo, pedindo-lhe autorização para entrar em contato com seus constituintes. Velho amigo e por demais distinto, agradece a colaboração e nos aproxima.

Pois neste domingo, por volta de onze horas, como aprazado, estaciono o carro diante da Casa 13. Não me parece estar indo ali, mas sim... voltando. A recepção é cálida e firme amizade logo se estabelece para ficar eternamente. Conto-lhes do livro sobre o caso, em minha mente, e o ânimo de obter autorização deles para publicá-lo. Uma forma para reaviventar o caso, reacender as mais verdes luzes da Esperança. Encontro de vontades e, então, o início de incontáveis outras visitas, munido de gravador, relembrando tintim por tintim, todo o ocorrido, até antes da entrada na maternidade, de horrenda lembrança. Noto que psicologicamente lhes faz bem voltar a tocar no caso, a desabafar. Ora fala um, ora fala outro e eu, especula, curioso, faço muitas perguntas e anotações. Volto pra casa e reflito sobre cada ponto. Medito muito. Meço tudo milimetricamente. No dia seguinte, conferências e mais esclarecimentos.

Entregam-me todo o imenso material de que dispõem: recortes de jornais e revistas, cartas, telegramas, livros, enviados e recebidos de todos os recantos, mesmo os de lá longe, lá longe. A correspondência secou há algum tempo, mas é muita coisa e tão eloqüente e sincera, a já estocada. Lia conta tudo ao filho, em carta do mesmo domingo:

Meu bem,

Você não pode imaginar o que aconteceu hoje. Exatamente o de que eu urgente precisava. Um fato absolutamente extraordinário. Fomos procurados pelo Dr. Geraldo Tasso, escritor, interessado em transformar minha dor em esperança! *Escrever nossa história. Esperança, filho. Essa coisa mágica adormecida no meu coração. Vejo luz no fim do túnel. Estou feliz, animada.*

Amo você muitão.

Beijos, Mamãe.

Em outro dia, para mim bastante especial, inolvidável, Lia se aproxima, segurando uma espécie de diário e, pouco falando com os lábios, mas muito dizendo com os olhos e com um sorriso, me dá uma quantidade de cartas e bilhetes que, ao longo daquela década e tanto, ela escrevera para Pedrinho, com a alma e o coração. Coisa muito íntima.

No silêncio do meu escritório vou lendo umas e outros, sinto lágrimas muitas vezes atravancando a continuação da leitura e nem percebo já poder apagar a luz pois o sol nascera e a tudo clareava. Inclusive a grandeza do caráter, a tenacidade e o humanismo daquela Mãe.

65

No imediato domingo volto lá à Casa 13 e, depois de novas tomadas de gravados depoimentos do casal, despeço-me já como se de velhos parentes e, no mesmo dia, mais tarde, Lia, feliz, pobrezinha, volta a falar de mim para o filho. Constrange-me a imodéstia de repetir aqui suas palavras mas é com o objetivo de acentuar como me senti responsável por um esperado milagroso acontecimento satisfatório e como mais passei a vibrar e a trabalhar para ajudar.

Além disso, conforme ela, em pessoa, declarou ao jornal *O Popular,* de Goiânia, edição de 20 de novembro de 2002, sua situação e de Jayro era de depressão até nosso encontro, e minha transfusão de entusiasmo e esperança foi decisiva, daí não poder deixar eu de explicar e justificar este meu comportamento, perdoe-me o leitor:

— *Eu estava convencida pelo meu terapeuta que o Pedrinho não fazia mais parte de minha vida, quando apareceu aquele amigo pedindo para escrever o livro. Foi o período mais difícil, porque já estávamos sem a menor notícia há muito tempo. Era um sinal, compreendi logo, entusiasmada. Confiei nele, logo, como confio até agora. Retirei então todas as caixas de cima do armário, abri minha vida e minha dor novamente. Dei-lhe as cartas que escrevera ao Pedrinho, cedi-lhe os direitos sobre elas, mais documentos, re-cortes, cópias, fotos e cartas de outros e para outros e voltei a ter alegria. Durante meses conversávamos pelo menos uma hora por dia. Ele gravava minhas falas e as de Jayro.*

Ainda na mesma linha de justificativa, a reanimada mãe gasta mais telepatia, no seu particular e estranho correio:

Pedrinho,

A esperança de que lhe falei, após essa fase de abandono a que nos relegaram quase todos, inclusive os políticos, os chefes dos governos a quem inutilmente mandei cartas, nos foi trazida pelo desembargador Geraldo Tasso. Ele nos presenteou com alguns de seus livros de contos, onde está provada sua sensibilidade espiritual. Continuamos com nossos encontros onde lhe relato nossa penosa caminhada à procura de você. Quando já não me restavam forças e nem ao menos coragem de continuar carregando essa cruz, surge, do absoluto nada, uma pessoa (anjo-enviado?) que me sacode, me faz retirar de dentro de uma caixa, escondida há muito, no alto de um largo armário, documentos, jornais velhos, cópias de processos, lembranças amargas. E eu o faço com sofrimento, sim, mas também com uma contida alegria de esperar pela realização do sonho maior de todos nós: saber de você.

Deus te abençoe.

Te amo D+

Mamãe

Cheguei a sentir fé semelhante por parte do pai, o destemido Jayro. Ajuda-me, entusiasmado e absolutamente confiante, a colocar no porta-malas do meu carro, estacionado quase ao seu portão, as caixas, pacotes e baú com tanta coisa para o diário que Lia ainda uma vez escreve ao filho tão chorado, com ciência de seu esposo:

Querido, é tudo muito difícil mas agora eu quero viver e reviver a nossa história, até que ela possa ser transformada na obra literária do Dr. Tasso e chegar às mãos de muitas, muitas pessoas, pois uma dessas nos dará notícias de você.

E mártir e abnegada:

Sabe, filho, se você não se interessar por nós, não ficaremos mais tristes do que somos, porque nos bastará saber e conhecer você.
Te amo muito.
Mamãe.

Mas na próxima carta, compreensivelmente se arrepende e:

Vou retificar o que escrevi na última, Não me bastará saber e conhecer você. Quero estar perto de você. Quero ser de fato sua mãe, mesmo que tardiamente. Quero te dar todo meu amor guardado. Quero ouvir sua voz me contando da sua vida. Quero ganhar abraços e beijos. Quero conhecer minha futura nora. Quero ser a avó que estará perto de seus filhos. Quero tudo a que tenho direito. Mas se você não quiser viver comigo, tudo o que eu quero é encontrar uma forma de compreende-lo. Afinal sou sua mãe. Amo você demais para querer vê-lo infeliz.
Beijos.
Mamãe.

Eterna Sexta-feira da Paixão, oh, *Mater Dolorosa*!

O livro do Dr. Geraldo Tasso está a caminho com todas as bênçãos de Deus. Ele é um homem bom, sensível e de grande ge-

nerosidade. E a nossa história narrada por esse homem certamente
dará bons frutos.

Beijos.

Mamãe

66

Quando Jayro coloca fraternalmente seu braço direito sobre meu ombro, já sentado eu ao volante, e ali o deixa enquanto me deseja as bênçãos divinas para um bom trabalho, fico absolutamente convicto de que estou predestinado, mesmo, a ajudar.

Até Maria Helena, secretária doméstica e de há muito integrada à família, vem trazer-me, para que eu leve, um pacote de pães-de-queijo bem mineiros, que ela assara com prazer e dedicação e que eu muito gabei. E também ela afirma, com firmeza:

— O senhor vai achar o nosso Pedrinho.

Não posso e não vou decepcionar esta gente.

No dia seguinte, para acordar as lembranças do caso, passo a falar com meus ex-colegas do Tribunal de Justiça, vou ao clube da Associação de Magistrados do Distrito Federal — converso com os juízes —, à Associação Nacional de Escritores, visito promotores e procuradores, telefono a velhos amigos policiais dos meus tempos de juiz criminal. Chamo a União Nacional de Escritores de São Paulo, de que faço parte, e conto do meu livro em preparo. Contato jornalistas, todos os parentes e amigos e digo que a questão deve ser reaberta.

Viajo para Franca, no estado de São Paulo, onde também tenho residência, desmarco todos os possíveis adiáveis compromissos, organizo aquele ror de papelada e fotos. Levo ainda certidões de processos arquivados ou mal andando em varas criminais, por mim mandadas extrair, estimulo a crença na solubilidade do caso e começo uma lua-de-mel com aquela papelada toda, mal interrompida para as refeições. Dia houve em que completei quinze horas de leituras, pesquisas, reflexões e estudos. Quanta coisa interessante! Quantas pistas falsas! Quanta gente que sofreu por suspeitas descabidas. Até prisão.

A trabalheira se arrasta por meses, celebra aniversário. Minhas férias canceladas. Continuo as conversas, já por telefone, com Jayro e Lia, esclarecendo pontos confusos, nomes etc. Também com antigos conhecidos de serviços secretos. Eu dera aulas de Direito Penal na Academia de Polícia Federal e na do Distrito Federal. A Polícia Militar, com quem sempre combinei, mostra igual boa vontade em me ajudar. Os muitos serviços de informações, unidos na nobre causa. Mais dia menos dia, nós acharemos o Pedrinho. Isso vai acontecer, ainda que seja um milagre.

Entro em contato até com embaixadas estrangeiras e passo a seguir uma — bem merecedora de atenção — pista que leva à Suécia. Vou pedir uma audiência a Sua Majestade a Rainha Sílvia daquele país, meio brasileira e em vésperas de comemorar bodas de prata, certamente se comoverá com o caso do brasiliense bebê Pedrinho e ajudará a achá-lo.

Mas como leio e releio constantemente o material todo, principalmente as cartas de Lia, no silêncio, muito silêncio do meu escritório em casa, numa zona rural a que me recolho isolado, para pensar e escrever, de repente noto que não prestara atenção devida a uma carta que o meu coração diz ser importante. Não é de agora, mas coincide com coisas que podem ter se passado com a longa ausência de Pedrinho.

É de um sábado, 15 de fevereiro de 1997:

Filho:
Fui falar com o.......... Ele é paranormal. Ele me disse que você está bem e que se encontra na região de Goiás, talvez Goiânia, bem perto de nós.
Beijos.
Mamãe.

Penso, penso, procuro aguçar minha sensibilidade, minha possível percepção extra-sensorial e me recordo dos inegáveis fortes laços espirituais entre os pais biológicos e Pedrinho e o já descrito desespero de Lia em voltar de Porto Xavier, no Rio Grande do Sul, onde procurava lenitivo, tentando se afastar de muitas coisas materiais que lhe ocasionavam tristes e espinhudas lembranças, mas acabou desesperadamente atraída de novo para o Planalto Central, onde sentia e pressentia a proximidade do filho, luz de su'alma. Voltou. Se já havíamos até pensado em viajar para a Suécia, ela e eu, pois o Jayro está preso ao trabalho, podíamos desfazer as malas. Pedrinho está por perto.

Eu já escuto os teus sinais.

Talvez não tenha mesmo existido nenhuma quadrilha internacional, menos ainda envolvendo embaixadas, e o cruel ato de apropriação do menino se dera por algum meio ou muito psicopata, lunático até, perverso mas inteligente e capaz de ter agido com mais duas ou três pessoas, apenas, a coadjuvá-lo.

Agora mais fácil também, de ocorrer o previsto pelo provecto e escolado policial, há muito anos: — *O caso vai se esclarecer quando algum deles abrir o bico.*

Disparo atrás de uns dos meus conhecidos arapongas que estão funcionando no *affaire*. Sugiro passem pente fino na região de Goiás e, principalmente, na própria capital do Estado.

Tu vens, tu vens.

Vamos todos atrás de você, benquisto Pedrinho.

67

A palavra se alastra. As notícias se reproduzem como lebres, céleres, por todas as repartições, casas, reuniões familiares, bailes, bate-papos em botequins, dentro de táxis, e principalmente nos órgãos governamentais. Em Brasília e num raio de trezentos quilômetros, pelo menos. Vai voltar a ser investigado o Caso Pedrinho. Com todas as forças. Serão viradas e reviradas todas as pedras.

Não tarda a chegar-me aos ouvidos estarem os órgãos de informações alertados para estranhos registros de nascimento, feitos em cartórios do interior de Goiás, até em corrutelas, de jovens já nascidos muitos e muitos anos antes. E de gente que não residia em tais lugares. Sem razões compreensíveis para tais demoras e escolhas de lugarejos.

Voltam à tona estranhos casos de sumição de recém-nascidos em pequenos hospitais, nunca solucionados. Em conjunto, as polícias de Goiás e do Distrito Federal abrem bem os olhos para certos vigaristas, também ligados a adoções.

Numa simples valoração empírico-cultural, é indiscutível que quando uma mulher toma o marido de outra, mais ainda de família bem assentadinha e feliz, os parentes desse marido, além da própria esposa enganada, sempre têm muitas reservas, para não se dizer raiva, bem ou maldisfarçada, da intrusa aproveitadeira dos bens do conquistado chefe de família, e que vêem sempre em preparativos para lesar a legítima porção dos herdeiros do galã apaixonado, cego às notórias vantagens usurpadas de meeira legal e descendentes.

O Caso Pedrinho, como já assistido aqui, em cenas anteriores, fora bem divulgado não só pelas folhas e telas, pelas ondas hertzianas e demais mídia, como também, excepcionalmente, por alertas em saquinhos e sacolas de supermercados e outras embalagens, contando do neném desaparecido do Santa Lúcia, além de *Procura-se* afixados em postes e paredes e impressos nas contas de água e luz.

Inacreditável qualquer pessoa, com mínimo de atenção, deixar de suspeitar de situações como a daquele fiscal de rendas do estado de Goiás, que abandonara esposa, companheira até de colunas sociais na capital, para viver com outra mulher, bem mais jovem e sagaz que ele, e ainda sempre se apresentando como mãe biológica de um filho seu, com idade coincidente à de Pedrinho, tez da pele, cabelos etc.

68

O certo é que em bem-feito trabalho investigativo, silencioso e documentado com fotos e filmagens, a inteligência da Polícia Civil do Distrito Federal vinha concluindo e acabaria por esclarecer, como fez, por inteiro, a existência de Pedrinho na casa daquela mulher, cujos dados coincidem com os da Seqüestradora.

Apenas precipitou o desfecho a morte do referido auditor, com a qual se abriu sua sucessão, quer dizer: chegou o momento do acerto da transferência de seu patrimônio e de sua pensão a ser paga pelo governo. A quem? Para não falar em acessórios como pecúlios, auxílio funeral, seguros e outras compensações para a família legal, como costumeiro. Ninguém pode condenar criminalmente um morto. E há um registro de nascimento falso. Só depois do esperado óbito, os interessados, parentes e ex-cônjuge do falecido, agiriam, botando a boca no mundo. Compreensível.

Mais coisa séria e suspicaz é descoberta, divulgada pela imprensa e não contestada: no leito de morte, aquele fiscal de rendas é convencido a assinar, como assina, uma absurdamente ampla procuração pública em favor da mulher com quem vivia. Passa ela a ter *poderes plenos e irrevogáveis, para tratar e defender de todos os assuntos (sic), comprar e vender móveis, imóveis, mercadorias, telefones, quotas e veículos, abrir, movimentar e encerrar contas em bancos, depositar, retirar e fazer levantamento de quaisquer importâncias, emitir, endossar, descontar, receber, aceitar, avalizar e assinar cheques, tudo em nome dele.*

Tal mulher teria levado ao hospital um escrevente do Cartório de Vila Brasília — Goiás, com o livro para lavratura da procuração. Tão mal de saúde estava o auditor que não conseguiria ir ao tabelionato.

O fiscal recebia cerca de R$ 6.000,00 (seis mil reais) de aposentadoria, mas mesmo com décimo terceiro salário e outras rendas, o casal acabou visivelmente endividado, tendo sofrido várias ações judiciais de cobrança. A mulher emitira diversos cheques sem fundo, tão incobráveis que os credores requereram e a Justiça determinou à Receita Federal, ao Detran e ao Banco Central indicassem bens passíveis de penhora.

Morre o fiscal Arnaldo.* Acreditam os investigadores e delegados terem os integrantes da primeira família, diante da nova situação e após, provavelmente, várias reuniões, deliberado denunciar a verdade, também na defesa de possíveis direitos deles, especialmente da primeira esposa. Sempre tiveram a certeza de que Júnior não era, na realidade, filho biológico de Arnaldo, apesar de assim registrado em cartório e agora desconfiam ser ele o Pedrinho furtado em Brasília. Será que já não desconfiavam antes? Aqui já falei da publicação recente da notícia, no jornal de Goiânia.

Certo é que os filhos do auditor Arnaldo, em número de cinco, poucos dias após sua morte, endereçaram uma carta-aberta a Vilma e com a intenção de publicá-la em jornais, chegando a mandá-la para alguns, porém se arrependeram e correram a interromper a publicação. Abrindo os diques de represados sentimentos, ali dizem-lhe que desejam viva ela ainda muitos anos e tenha, assim, tempo para raciocinar sobre o mal que fez nesta vida e, certamente, um dia vai, até em desespero, pedir-lhes desculpas pelos males causados à mãe e ao pai deles, em especial a esse. Da mesma forma ela há de acabar por implorar perdão a outras famílias pela mesma razão de desgraças causadas, não cabendo aos signatários da carta-aberta especificar maiores detalhes. Mas, no tempo certo, o Destino — como um carteiro — irá bater-lhe à porta com a cobrança de tantas maldades e falcatruas, feitas contra todos que cruzaram seu caminho.

Uma das netas de Arnaldo, Isabelle,* 19 anos, incumbe-se de, sem se identificar, telefonar de um orelhão para o S.O.S. Criança, da Capital Federal, encarregada, em convênio com o *Missing Kids,* dos Estados Unidos, de achar, em procura pelo mundo todo, menores desaparecidos. A Internet tem uma página para isso, mostrando o Caso Pedrinho, vista por ela. A moça conta da existência de um rapaz, seu conhecido, que tudo indica ser o furtado bebê de Brasília. Diz da semelhança enorme com Jayro Tapajós, mostrado no *site*, em foto aos 17 anos, principalmente com uma das orelhas levemente retorcidas. É lacônica, mas confirma o endereço da casa do moço suspeito.

Faz mais, telefona também para Jayro Tapajós, já dizendo quem é ela e como seu pai e o restante da família tinham grandes reservas ao comportamento da nova mulher de seu avô, lesado e enganado por Vilma. E uma revelação deveras elucidativa: de que há muito sabiam que Arnaldo não era pai biológico de Pedrinho, por eles chamado de Júnior e nem a mulher era mãe, pois há cerca de vinte anos havia feito uma laqueadura das trompas e não poderia ter gerado nem aquele nem filho algum, após tal cirurgia.

Diz ainda que uma irmã por parte de pai, da Vilma, contou-lhe ser Júnior o mesmo Pedrinho. Essa mulher reside perto de Brasília.

Três policiais do Serviço de Inteligência da Polícia Civil do Distrito Federal rumam para Goiânia e, no endereço já sob anterior vigilância — uma residência assobradada e toda engaiolada em grosso ferro metalon —, começam, sem serem notados, e por duas semanas ininterruptas, a bater fotografias de um rapaz, sempre à distância, mas sendo bem definido com teleobjetivas. Filmam-no também, tanto quanto o teatro das investigações.

Dali retornam à Casa 13 do Lago Norte, onde exibem para Jayro Tapajós as fotos e as fitas VHS. Ele não precisa examinar muito para exclamar, com a máxima convicção, ser o seu filho Pedrinho. Há instantâneos — a maioria — nos quais são notórias as semelhanças com ele próprio e com sua filha mais moça. E também com a mãe verdadeira. Um sorriso aqui, uma expressão de surpresa ali, um ar contrafeito... uma das orelhas um pouco torta como a dele e eis o Pedro Rosalino Braule Pinto escritinho.

Apesar de, pelo menos, cinco decepções anteriores, desta vez o pai está certo, certíssimo de, finalmente, ter reencontrado o filho.

69

Correto é o trabalho do diretor-geral da Polícia Civil do Distrito Federal, Laerte Bessa, bem assessorado pelo bacharel Hertz Andrade Santos, presidente do inquérito policial e assistido por outro delegado, bacharel José Reis Santos. Completam essa Comissão Especial, ainda, as delegadas Lúcia de Fátima Gomes Lacerda e Mabel Alves de Faria. Destaque para o agente policial Fábio Barcellos, por trabalhar sem cansaço no caso, desde a primeira fase, até quando esse caiu num intenso silêncio e esquecimento. Policial de valor reconhecido em Brasília, a ponto de ter sido eleito deputado distrital, e seus humanos e abnegados auxiliares outros prosseguem nas investigações, em escolas, escritórios, hospitais, clubes e cartórios. Acompanhados de um oficial de justiça, chamam o menino e a mãe de criação, sob uma escusa diferente, para um encontro, no bom colégio onde estuda ele, lá em Goiânia. Dizem das suspeitas sobre a filiação daquele rapaz. Ela jura de pés juntos e dedos das mãos exibidos descruzados que o menino, por ela tratado de Júnior, é filho biológico seu e do falecido Arnaldo.

Aquela que se apresenta como mãe legítima, entretanto, já deixa os escolados policiais muito mal impressionados com sua tacanha teatralidade e contradições. Inclusive declara que seu filho nasceu, um dia antes do crime, numa clínica de Goiânia. Contra o constante do registro de nascimento, até então não exibido. O jovem mostra-se, compreensivelmente, por demais assustado e sem saber o que fazer ou dizer. Atônito. Estúrdio. Vilma nunca lhe dissera ser ele nascido na capital.

A polícia então os deixa, retorna a Brasília, onde requer e obtém mandado judicial para coleta de sangue destinado ao DNA. A mesma equipe, de novo em Goiânia, conduz os dois para uma delegacia de lá, com a desculpa de se apurar um acidente de trânsito, com o menino dirigindo, e lá tentam ver se é possível colher-se o material desejado.

Mãe e filho de criação recusam-se peremptoriamente — ela já de dentes arreganhados — ao exame de sangue ou outro qualquer, para o DNA. Não deixam sequer colher-se saliva. Não fornecem fios de cabelo. Nada de nada.

Já sabedor disso, Jayro Tapajós, no amistoso telefonema recebido de Isabelle, pede sua colaboração para conseguir um fio de cabelo ou um boné, um chapéu do mocinho, pois os peritos lhe garantiram que apenas com esse material, costumeiramente depósito de escamação da pele da cabeça, mesmo caspa, chegaria ao resultado indiscutível. Ela promete ajudar.

70

Quem é esta mulher, sedizente mãe biológica de Pedrinho? Vou deixar ela própria falar do seu caráter. Mas junto com a Delegacia Estadual de Investigações Criminais (Deic), em Goiânia, que a quer muito bem. Onde consta: com 47 anos de idade já se utilizou de vários nomes: Vilma Martins Costa,

Vilma Martins Soares da Silva, Vilma Martins Borges e, talvez num ato falho, praticante notória de maus rituais africanos que é, acusada repetidamente de comportamentos ilícitos, Vilma Martins Costa Preta. Isso não só em documentos pessoais mas até mesmo — suprema ousadia — em processos que tramitam na Justiça local. Com a seguinte característica: todos esses nomes e (quem pode garantir o contrário?) talvez muitos outros mais, atreve-se a declarar terem o mesmo número de Cadastro das Pessoas Físicas: 158.885.921-53, na Receita Federal.

Não implicando a mais mínima co-relação racial, prefiro, pela propriedade com tudo já provado, o nome de Vilma Costa Preta, pois com tal invencionice ela diz muito, não havendo nenhuma clareza no seu passado e nos seus atos, segundo exuberantes denúncias pela mídia de todo o Brasil e ela se limita a declarar-se *crucificada,* em sua defesa. Foge do mérito de qualquer imputação feita. Começou cedo suas diabruras, pois fugiu de casa com apenas treze anos de idade.

O Tribunal de Justiça de Goiás informa oito registros contra ela. Ações as mais sortidas. Tudo, a mancheias, divulgado pela imprensa. O mais antigo é de 1979, referente à emissão de três cheques sem fundo.

A Delegacia de Homicídios de Brasília, encarregada do caso, começa a suspeitar da participação de Vilma da Costa Preta no seqüestro de Pedrinho. Oficia à Casa de Saúde e Maternidade Santa Lúcia para responder se tal pessoa, de tantos nomes, ali esteve internada, no Quarto 10 ou em vizinhos, em janeiro de 1986, ou em qualquer outra data, como paciente, acompanhante, ex-funcionária, assistente social ou mesmo mera visitante. Seus dados físicos coincidem com os descritos pelas testemunhas ouvidas à época, agora novamente, e particular e ponderavelmente, pela própria Lia e por sua saudosa mãe, D. Otalina.

Ofícios também são protocolizados nas secretarias de várias outras maternidades e hospitais, com o mesmo objetivo.

Descobre-se que, em 19 de janeiro de 1986, apenas dois dias antes do seqüestro de Pedrinho, em outro hospital próximo, e de nome parecido, o Santa Luzia, nascera uma criança, filha de Mariana dos Santos,* também de cesariana e, quando ela estava no banheiro, entrou no quarto uma mulher que também se dizia assistente social mas não portava nenhum crachá de identificação. Mariana achou estranho tudo aquilo que tal mulher estava perguntando ao seu marido, principalmente sobre o sexo da criança, se era perfeitinha, gozava de boa saúde e onde estava no momento. Ao ouvir que era menina e estava na incubadora, a estranha se retirou célere. A descrição dela, feita pelo marido e por outros que a viram, coincidia com a da mesma Seqüestradora de Pedrinho, inclusive quanto ao uso chamativo de muitas pulseiras douradas e de estar carregando uma grande sacola. E ainda: de vestir azul.

Aqueles policiais voltam mais uma vez à capital de Goiás, aumentando sempre o vai-e-vem, como vai, vem-e-volta, é a série de declarações da já muito suspeita mãe sempre variando as lorotas e cascatas. Em novas declarações — diante dos arrochos — ela termina admitindo ter o Pedrinho sido adotado. Seu falecido marido Arnaldo, o ganhara de uma gari na Capital Federal, logo após o nascimento. Nas suas fabulações distrai-se, não checando um dado importante e mostrando ser procedente o anexim: *mais depressa se apanha um mentiroso do que um coxo*. É que em janeiro de 1986 ainda não havia uma só mulher trabalhando como gari em Brasília!!! Nenhuma.

Arnaldo, três meses após o seqüestro, registra-o como nascido na pequenina localidade de Mara Rosa, em Goiás, mas o registro é feito no Primeiro Cartório de Registro Civil da Capital, e ele dá ao menino o mesmo nome seu, acrescido de Júnior. Declara a mesma data de nascimento de Pedrinho.

A DH (Delegacia de Homicídios) pensa em promover em seguida o encontro de Lia, que conversara com ela, no dia da abdução, e Vilma da Costa Preta, para possível e já tido como fatal, reconhecimento.

Fábio Barcellos, mesmo eleito deputado, continua a dar tudo de si para ajudar e promove um telefonema interurbano de Jayro com Pedrinho. Consuma-se.

— Alô!

71

— Alô. Aqui é o Jayro. Você fique calmo, meu filho. Eu compreendo sua situação mas vamos só melhorá-la. Viva sem medo. Continue estudando. Vamos desatar um nó de dezesseis anos.

E utilizando paciente dialética, como se fosse um treinado psicólogo ou advogado de júri, mantém com o moço uma longa conversa, dizendo-lhe que os dois se parecem muito mesmo. Tem certeza de serem pai e filho mas até mesmo só para tirar a mais leve dúvida seria decisivo o exame de DNA. Garante-lhe só querer esclarecer isso, dar tranqüilidade para a Lia, sem qualquer desejo de vingança contra ninguém. Se não derem positivas a paternidade e a maternidade, pronto! assunto encerrado. Não estão pressionando a polícia e nem contrataram causídico para auxiliar em qualquer acusação de promotores. Se o exame comprovar a paternidade deles, não obrigarão Pedrinho, ou Júnior, como prefere sempre continuar a ser chamado, a ir morar com eles. O rapaz poderá ser amigo das duas famílias, sem nenhum constrangimento. Sem se mudar de Goiânia.

Um tanto quanto tímido, mas denotando boa inteligência, ele vai apresentando algumas ressalvas. Em voz baixa, o descendente dos tapajós, sempre filósofo, as rebate. Está conquistando o interlocutor.

Pois não é que, de repente, Pedrinho se convence e concorda com o DNA?! Ele vai deixar coletar o seu sangue, para isso.

E então o juiz de Direito César Laboissière Loyola, da Oitava Vara Criminal de Brasília, por onde corre o processo, expedito, tudo facilita para nova ida dos peritos à Goiânia, com direto auxílio no que fosse necessário, do ainda agente policial, Fábio Barcellos.

O garotão de um metro e oitenta e cinco de altura não dificulta a extração de seu sangue e só busca colaborar para a solução da dúvida, via DNA.

Era o dia 7 de novembro de 2002, uma quinta-feira. O resultado seria dado no dia seguinte, bem no fim do expediente ou, quando muito, no sábado, dia 9.

Jayro Tapajós, falando por si e pela torturada esposa, dizia estar escalavrado e impossibilitado de sofrer mais uma decepção. Firma então um pacto com Fábio Barcellos, já amigo da família, autorizado a dar-lhe o resultado e até a fornecer-lhe o laudo. Mas ele, só ele e mais ninguém. E que fosse direto ao assunto:

— *Pão pão, queijo queijo.* Nada de roda-roda. Rodeio é lá em Barretos.

Deixam assentada, com pedra e cal, então, hora marcada, para o sábado mesmo, às seis da manhã, assim evitando-se excesso de expectativa e alguma decepção de não estar pronto na sexta-feira. Fábio com tudo concorda e dá garantias.

— Seis horas em ponto?

— Sim, senhor, *seu* bugre Jayro Tapajós: ponteiro grande no doze, ponteiro pequeno no seis. Nem um segundo a mais, nem um segundo a menos.

Após muitas preces, rosários inteiros debulhados, choros maldisfarçados, chás de erva-cidreira ingeridos aos baldes, a família vai para seus quartos e suas camas.

O casal, fisicamente extenuado, tão tarde da noite, beirando o momento das doze badaladas, mal escuta o canto assombrado do curiango na rua, e já está dormindo. Sono que dura pouco, duas horas para um, uma e meia para a outra, por aí. Fingem voltar a dormir. De verdade, lá uma ou outra madorninha. Viram-se muito na cama. Às quatro e meia, uma sensação de despencar em abismo e Lia dorme mesmo. Às cinco é o Jayro.

Mas às dez para as seis ele já arregala os olhões avermelhados.

Prussianamente, às zero seis, zero zero, verdadeira banda de música a tinir campainhas, em timbres e tons diferentes, no aparelho da cabeceira e nas várias extensões da casa.

— É o bugre? Aqui é o Fábio.

72

— Fala logo, anda, pelo amor de Deus. Desembucha, homem.

— Ele é teu filho! Acabou! Acabou!

Gritando alucinado, Jayro Tapajós fica em pé no colchão e começa a pular e pular, cada vez mais alto. E a gritar feito insano em camisa-de-força. Assustada e sem fôlego, coração a mil, Lia previne, sem mesmo saber o que está dizendo:

— Querido, você vai quebrar o estrado e cair.

— Acabou! É o Pedrinho. É ele mesmo. Fim das dúvidas. Achamos o nosso filho.

— Repete, repete isso. Mas fala mais devagar. Repete.

Jayro pula para o chão e descalço, dispara para bater nas portas dos quartos. Entretanto, todos os filhos e a empregada já estão acordados e no corredor, rindo às gargalhadas. Às bandeiras despregadas. Lia, ainda marcada pelas decepções anteriores, não aceita acreditar:

— Eu quero falar com o policial. Eu não creio nisso. É bom demais para ser verdade.

Jayro Tapajós procura ligar de volta para Fábio. Ninguém atende. Lia em desespero. Digita mais uma vez. E outra. E outra.

— Vai ver que está no banheiro.

A mãe, já quase num ataque histérico, implora para insistir. Vinte minutos depois, a voz do agente-deputado, a quem ela suplica por amor de tudo que lhe seja sagrado, contar-lhe a verdade, mas só a verdade. Continua não acreditando, e, do outro lado, a paciente repetição.

Fazem-na deitar de novo e lhe dão a beber um leve calmante.

Somente em torno das nove horas, quando chega o diretor-geral da Polícia Civil, Laerte Bessa, com uma cópia também assinada pelos médicos do laudo positivo, ela que se levantara para atendê-lo, lê e relê tudo com tamanha dificuldade, sofre um desmaio e cairia ao chão não houvera quem a sustentasse.

O motorista de uma van, perto da Catedral, ouve a notícia na rádio FM e destampa a gritar, junto com os passageiros que não estavam entendendo direito.

A Capital e a República inteira, com as edições extras das televisões mais rádios de todos os tipos e megahertz, apregoam em uníssono, num verdadeiro desabafo, a mais fantástica notícia de todo o ano e dos anteriores:

— Acharam o Pedrinho vivo.

Nova procissão apressadamente começa a se formar diante da Casa 13, com repórteres, *camera-men*, locutores e locutoras, parentes, amigos, curiosos...

O Camelo Negro do Infortúnio estica as pernas doídas e duras, por ali ter estado de joelhos durante mais de dezesseis anos, e foge espavorido.

73

Jayro Tapajós, Lia e eu nos regozijamos por telefone e mal podemos combinar uma linha de ação, pois também passo a ser sitiado por repórteres de canais de televisão, jornais, rádios, revistas e, às pressas, improviso uma pauta para atendê-los. *O Jornal de Brasília*, pouco antes da descoberta do Pedrinho, já havia publicado estar eu em adiantado e profundo estudo do mistério, ser possuidor das cartas escritas pela macerada mas diligente mãe, ao vagar daquele tempo muito. Dizia mais, já ter eu outras pistas. E estar escrevendo um livro, com toda aquela história, conferindo ponto por ponto, analisando mais de três mil páginas de processos e gravando depoimentos, inclusive dos pais do carregado neném.

Pedrinho, espaventado com aquele escarcéu, busca socorro junto a Jayro, onde já encontrara uma ponte segura para passar por aquele trajeto absurdo da vida. Chama-o por telefone, de Goiânia.

O pai verdadeiro aconselha-o a continuar sua vida normal, indo aos pontos de encontro usuais, sair com sua namorada, assistir a sessões de cinema e não sumir de casa. Tratar bem a imprensa e a todos. Manter sua rotina, não faltando às aulas. Logo as coisas voltam a ficar calmas, garante.

Mas o moço não tem sossego em lugar nenhum. Já começam a ser divulgadas as suspeitas sobre Vilma, e ele, numa das primeiras entrevistas à televisão, diz considerá-la sua mãe verdadeira e a defenderá a todo custo. Completa informando terem os dois mantido um encontro — olhos nos olhos —, sozinhos dentro de um quarto trancado e ela lhe garantiu não ter sido a mulher que subtraiu o bebê em Brasília. Ele acredita seguramente. Ela apenas lhe confirma ser adotado. — Mãe é quem cria — já em desculpa que o menino repetirá no dia seguinte, frente às câmeras.

Psicoterapistas e psicoanalistas do estrangeiro e alguns nacionais já publicaram muito sobre problemas de crianças adotadas e lembram que todos meninos e meninas são mais ou menos telepatas e captam, em algum nível, a noção de algo irregular na família com quem vivem. Pedrinho, adolescente, já deve ter se questionado sobre aquela história de ser registrado em Goiânia, mas nascido em Mara Rosa, desde que se matriculou na primeira escola. Mas fazem por acreditar em quem sempre teve com eles íntima convivência. Percebendo que qualquer dos pais adotivos lhes contou uma mentira, mais ainda com olhos nos olhos, caem em profunda tristeza e confusão, não sabendo mais, em quem acreditar. Isso merece cuidados, porque é angustioso para a criança ou o adolescente. Que fazer: amar ou odiar quem em um dos momentos mudou o rumo de sua vida, a que o subtraiu ou a que o descobriu e o reivindica? É preciso paciência e principalmente amor para fazê-los compreender e escolher um caminho, de maneira cristã, principalmente. Lia só tem agido como discípula de Jesus.

São rocambolescas as histórias contadas ao filho pela mãe adotiva.

Segundo ela, teria sofrido um aborto e, para compensar a perda, Arnaldo aceitara o recém-nascido dado por uma gari da Capital Federal.

Em contraponto, Jayro declara perante câmera de televisão, ter sabido das declarações do filho e compreendê-las, dando até como prova de ser homem, macho, defendendo quem o criara e, aos poucos, iriam se ajeitando as coisas. Afirma não estar pensando em ir à Justiça reivindicar a posse do filho legítimo, conforme tão bem comprovado, sem possível contestação.

Um pouco além do comum, o percentual de certeza do DNA, dá paternidade e maternidade como 99,9999999992% favoráveis. Nunca antes, ao que se saiba, se chegara a tal apurada e alta medida.

Jayro ajeita uma conversa — a primeira — entre Lia e Pedrinho. São varas verdes sob tempestade, os braços daquela chicoteada mãe, ao pegar o telefone para falar com o procurado filho, pela primeira vez depois do amaldiçoado furto na maternidade. Ela conta, gaguejando, engasgando-se com o choro, que o vira na televisão:

— Você é lindo, meu filho.

— Não chore, não chore. Tenha calma. Tudo vai dar certo.

Pedrinho, mal contendo os nervos, também não sabe o que dizer. Termina logo o impossível telefonema, face ao estado emocional de ambos interlocutores.

74

O dia seguinte é de temporal — um ciclone — para o adolescente mais filmado e fotografado do Brasil. Primeira página em publicações sem conta. Contrariando o conselho do pai, ele não vai ao colégio, preferindo ficar em casa com Vilma, diante das alegações dela, com sua vocação e encenação de mártir, chantagista habitual, de não estar passando bem, com a pressão arterial altíssima. E isso porque a polícia de Brasília, segundo notícias da mídia, está mesmo convencida de ser ela a Seqüestradora.

Os dois tentam escapar das reportagens, deixando às pressas o Sobrado Amarelo do Setor Jardim Europa. Mas não escapam de serem flagrados entrando num carro, aparecendo Vilma em primeiro plano. Em mais um desses fatos realmente sobrenaturais, traja ela um conjunto de saia e blusa, da mesma cor azul, igual ao manto de Nossa Senhora da Aparecida. Igualzinha. Passaram-se tantos anos, mas as pessoas não mudam mesmo, conservam seus gostos e preferências, ou uma força superior ajuda a denunciar ser a mesma criatura de dezesseis anos e tanto atrás. Ah! O azul do manto de Nossa Senhora Aparecida. Desde 27 de março de 2001 que tenho registrado na Fundação da Biblioteca Nacional este meu livro, com as primeiras páginas. Volto então a ler o capítulo 4, onde a descrevo — pelo que ouvi das testemunhas — e quando tudo era mistério. Fico queixicaído com as coincidências.

Em sua casa, Lia, rodeada por aquele mundaréu de gente, ao vê-la assim, na televisão, e pela primeira vez, depois de tanto tempo, exclama em alta voz, de alarme:

— É ela. É ela. Achei aquela mulher. Podem me dar o papel aí que eu vou declarar e assinar embaixo. É ela a mulher que entrou no meu quarto na maternidade e carregou com o

Pedrinho. É ela. Sinto até na pele. Nenhuma dúvida. Deixem-me assinar logo.

Telefono para Lia que me confirma sua convicção. Aponto-lhe a coincidência do vestido da mesma cor. E mais: nas minhas ininterruptas pesquisas descobri que em 1979, no dia 4 de março, entre o meio-dia e as treze horas, a atendente da Maternidade de Maio, em Goiânia, é chamada pelo telefone por uma mulher, dizendo-se prima, perguntando o número do quarto onde estava internada certa paciente. Em torno de três da tarde, a enfermeira responsável pelo berçário leva a menininha de dois dias de nascida para mamar na mãe, deixando só as duas ali. Menos de meia hora depois, uma mulher bem morena, bonita, muito bem apresentada, entra no quarto, também de número 10, identifica-se como enfermeira que estaria iniciando seu plantão e fora buscar o neném, com o qual, na realidade, desapareceu. O alerta foi dado uma meia hora depois. A polícia iniciou severas investigações, inclusive na Rodoviária e no Aeroporto. Sem resultado nenhum. Abriu-se inquérito no Primeiro Distrito Policial, mas o caso, passando por um número sem conta de delegados, foi aos poucos caindo no esquecimento, até ser arquivado por falta de pistas úteis. O mais intrigante: tanto a mãe, como algumas testemunhas tiveram bem gravado em sua memória o brilhoso conjunto de saia e blusa usado pela Seqüestradora, de cor azul, como o do manto de Nossa Senhora da Aparecida, também. Se já existia uma certeza absoluta, por parte de Lia, quanto à autora daquele odioso crime, em que foi principal vítima, agora maior ainda. Com tão semelhante modo de operar, consagrado pela corriqueira expressão — jargão profissional — de todo delegado, escrivão e investigador: *modus operandi*.

No futuro, em decorrência da descoberta de Pedrinho e dos vários braços do caso, e ainda uma vez, da renitência de Isabelle, virá à tona algo insólito e inconcebível. Muitas testemunhas, inclusive enfermeiras que participaram da pantomima, e a cozinheira que alimentava a paciente e o bebê, resolvem revelar ter a menina seqüestrada sido removida, imediatamente em seguida, para um pequeno hospital de Itaguari, onde — vejam só! —, coagido um médico e diretor daquele estabelecimento, ele faz em Vilma um corte na barriga, como se para uma cesárea e, com o sangue vertido, molham o corpo todo da criancinha, para fingir sua retirada recente do útero e assim é ela exibida a um seu amante, abonado cidadão de Goiás, com a garantia de ser filho dele. Vilma tentou não apenas o popularmente chamado *golpe do baú,* mas simultaneamente o *golpe da barrigada.* Sendo verdadeiras, como as evidências e a firmeza das testemunhas dão a entender, óbvia a imensa perigosidade de uma tal até doentia pessoa — ser humano? —, atrevidíssima, imprevisível, capaz até de se deixar anestesiar, cortar sua carne, verter seu sangue, costurar-se, para objetivo tão torpe. A narrativa dos fatos mostra ter tido ela a cooperação de uma assecla, a se apurar melhor. Novamente se compreende o porquê de ter escolhido o falso nome de Vilma da Costa Preta. Também, com tal passado!

Voltando ao momento presente, Jayro Tapajós diz à mídia não querer entrar no assunto da autoria do seqüestro de Pedrinho. Em primeiro lugar e antes de mais nada, deseja acertar o relacionamento do casal com o filho descoberto. Deixam à polícia cuidar daquilo e só falarão se intimados em processo. Compreensível atitude.

Querem logo a oportunidade de se encontrar com o filho, conviverem com ele, pelo menos, por enquanto, dois ou três dias. Desejam-no na sua verdadeira casa, para sentir em cada canto dela, uma história, que ali mora, da imensa espera. Lia tem certeza de conquistá-lo e desabafa:

— Durante esses anos todos, muita gente duvidou de mim, quando eu acreditava que iria encontrá-lo e que não passaria deste ano. Escrevi até, no ano passado, que não teria outro Natal longe dele. Não passava daquele não. Não passava. Não venham duvidar de novo. Dêem-me a chance de estar com ele um pouquinho, de poder conhecê-lo, de saber do que ele gosta.

Apuradas são outras coincidências, agora cotejadas com o previsto pelo paranormal — cujo nome omito para protegê-lo — e que sentiu a presença de Pedrinho no estado de Goiás, ainda não na capital, mas para onde em breve iria. Pois ele passava todas suas férias e feriados, a noventa e cinco quilômetros de lá, na tal pequena cidade de Itaguari, na modesta mas gostosa casa do padrasto de Vilma, o lavrador Antônio, o *Vô Tonhão*, simpático senhor de idade, muito amigo do suposto neto, por ele considerado *ativo* e carinhoso, a quem trata brincalhonamente, para rimar com a própria alcunha, de *Junão*. Com um xodó danado pelo galego latagão, faz alarde de suas qualidades:

— É um disparate de estudioso. Até bate aquele trem, o *cavalgador*, não, o tal de computador. Manda bilhete pras namoradas. Muito alegre e carinhoso, já levanta cedo pedindo a bênção e sai pra rua atrás das frangas. Tem uma que mora ali, naquela esquina pertinho e é doidinha de um tudo pra casar com ele. Mas tem récuas de outras. A cama onde ele sempre dorme está ali, arrumadinha pra quando ele quiser vir. Eu volto do trabalho suado, sujo e ele já vem rindo, me chamando de *Vô Tonhão* e me abraçando. Se um filho já é uma vida para os pais, uma alegria enorme, um neto é muito mais que isso e o *Junão* nunca deixará de ser meu neto. É baixo!

Aí fica um pouco tristonho ao saber das novidades, outro nome, outros pais. Aborda a personalidade de Vilma, já sentenciando que *erro planejado não tem perdão*, e justificando sua recriminação:

— Não lembro nada da gravidez da minha enteada. Eles sempre viveram a vida deles pra lá em Goiânia e eu vivi a minha pra cá.

Realmente Pedrinho é tudo isso e mais ainda. Vaidoso, veste-se e calça-se nos trinques, na última moda. Apesar de uma primeira aparência de simplicidade. Cuida modernamente de sua cabeleira. Tem uma coleção de bonés e chapéus, até para ir pescar quando em Itaguari. Foi uma criança arteira, adorava brincar na rua um tempão, o que deixava seus colegas intrigados, pois, apesar dessas capetagens todas, comedeiras de tempo, sempre só tirou nota boa na escola. Melhor que boa. E assim continuou na adolescência, quando virou um dançarino, freqüentador de boates, forrós e zoeiras. De música gosta de tudo, informam seus amigos. Também come de tudo, sem enjoamento, mas já viciado na condenável *fast food* não pode ver as armações americanizadas que parte pra lá. Também gosta muito de automóveis e motocicletas, mas — psiu! — não vamos falar nisso que ele não tem idade ainda para dirigir.

Bastante provável ter o telepata se fixado no filho de Lia, quando o mesmo estava naquela cidadezinha de Itaguari de onde iria para Goiânia depois, tudo nos conformes do que falou e disse.

75

Vilma chegou a insinuar, na sua já notória tagarelice e irresponsabilidade, a possibilidade de ter sido o próprio Arnaldo, quem, na cama da Morte, revelou, talvez até ao próprio Pedrinho, não ser ele seu pai carnal. Não teve escrúpulos em caluniar aquele que, por tantos anos, a teve como teúda e manteúda.

Mas o filho mais velho do coletor fiscal, revoltado contra isso, surge em cena e declara à mídia — o que parece mais verossímil — que jamais seu pai faria um registro falso e na verdade ele morreu convencido de que Júnior, como o chamava, era seu filho biológico, diante da dissimulação de gravidez de Vilma, que teria até se submetido a um tratamento com hormônios para rápido e muito visível engordamento. Teria sido um ardil para fazer Arnaldo sair do lar, onde formava, com a esposa de altar e cartório, segundo as notas sociais, um *Casal Vinte* de Goiânia.

E sem visar a uma apologia das qualidades do pai, pede que se ouçam todos seus conhecidos e ex-colegas que jamais apontarão a menor nódoa no caráter daquele cidadão. Aliás, felizmente, Pedrinho demonstra boa educação que lhe foi formada, sim, pelos ensinamentos daquele pai. A intimidade deles era tão grande, que o filho, efetivamente, falou à imprensa estar muito sentido com a morte de quem, inclusive, era o encarregado de acompanhar seus estudos, e, no velório, teria perguntado, patético, diante do féretro aberto:

— E agora, pai, quem é que vai me acordar cedo pra eu ir pra escola?

Esse filho adulto de Arnaldo, pessoa respeitada na cidade de Goiânia, argumenta ainda, com procedência, que se tivesse ganhado Pedrinho de alguém, não haveria motivo para o pai esconder isso, podendo fazer sua adoção legalmente, conhecedor do Direito como foi, e teria o respeito de todos, pela generosa criação de um bebê abandonado. Não precisava esconder a história, de ninguém. Distorcê-la só serviu a Vilma e a seus sórdidos objetivos.

Termina com firmeza:

— O tempo inteiro, a vida inteira, meu pai teve seu filho Júnior como legítimo e com a certeza inabalável de que era filho dele mesmo. E morreu com essa convicção. Amando-o muito. A versão de tratar-se de um presente de uma gari em Brasília é devaneio de Vilma para desviar a atenção da pessoa dela. Não tem o mínimo fundamento, a menor base. Um pseudofilho biológico dele com ela seria, para a fingida mãe, um prato cheio para ter as atenções, pelo resto da vida, como aconteceu.

Arnaldo fora casado por 28 anos com a esposa legítima, e por quase um ano Vilma teve caso com ele mas sem conseguir afastá-lo de seu sólido lar. Até que, no começo de 1986, chamou-o por telefone, em sua própria casa e lhe comunicou ter acabado de dar à luz, em Mara Rosa, no norte do Estado — de onde dizia estar ligando —, um filho dele e esperava assumisse o pai a responsabilidade pela criação.

Voltando para Goiânia, ela conseguiu que Arnaldo alugasse uma casa nova e muito grande, com quatro quartos, bastante discreta e indevassável, onde passaram a morar, quietinhos, apenas os três. Mas, pelas diatribes de Vilma, não paravam em lugar nenhum e tiveram mais de dez endereços, durante os quase dezessete anos em que viveram juntos.

76

Com o resultado favorável do DNA, Jayro e Lia ficam nos dois dias seguintes, amargando, atarantados, a maneira mais rápida do primeiro e ansiado encontro com a amorável pessoa do filho. Dificuldades lhes são criadas por Vilma, já assistida pelo advogado por ela constituído. Ele, no legítimo proceder de sua profissão, não esconde, diante do chamado clamor popular mais do que até palpável, estar com receios, e muito ter a diligenciar para evitar uma prisão daquela já suspeita mãe de criação. Alma tão atrevida que aventou a hipótese de ir também à casa dos pais verdadeiros. Como Lia rejeita peremptoriamente recebê-la lá, negam-se a deixar o moço ir sozinho à casa dos pais biológicos, em Brasília.

O estrépito das notícias e a persistência dos jornalistas em ouvirem-nos, fazem Vilma, Pedrinho e o resto da família ausentarem-se de sua casa tão vigiada e perturbada, ocultando-se em local de difícil descoberta. Somem.

Com muito vai-e-vem, intermediando as partes, referido causídico consegue a aprovação de um lugar neutro para o encontro. Depois, cauteloso, faz mais uma exigência junto ao diretor da Polícia Civil de Brasília, Laerte Bessa, visando a blindar sua constituinte. O advogado Ezízio Barbosa tem escritório conjugado à sua residência, na Grande Goiânia. Ali seria o ponto, mas dá apenas o número de um fax, para só fornecer o endereço depois que a ele fosse remetida uma declaração do mesmo diretor, garantindo que Vilma não sofreria qualquer coação. Ela só permite a aproximação de Pedrinho com os pais de Brasília, indo junto.

Conformado e conciliador, Jayro diz não ter alternativa pois admite estar Vilma com o comando da situação, com a posse, ainda que ilegal, do adolescente. Sabe-se em Direito que quem tem a posse tem uma enorme vantagem, até mesmo no pleito judicial. Invertê-la é muito custoso.

— Vai ser difícil chamá-lo de Júnior, como está exigindo, mas essa já é uma questão secundária. O principal é que encontramos nosso filho e vamos nos relacionar bem com ele, mesmo tendo de, pacientemente, tudo fazer para o encontro de nossas almas. Até nos submetermos a alguns constrangimentos.

Ainda com muitas idas e vindas, detalhamentos dispensáveis, passado o fax, é, afinal, marcada para aquele domingo a reunião no escritório do Dr. Ezízio Barbosa. Depois, poderiam até almoçar juntos, em algum restaurante ou churrascaria.

Quando ouve o nome da cidade do encontro, Lia corre a me telefonar, alegre e cada vez mais piedosa devota daquela que acredita ter interferido muito a seu favor. Outro sinal divino. Não é mera coincidência. Inclusive me conta que vai levar a imagem, recebida como presente daquela Maria Helena, a antiga cozinheira da casa, já verdadeira agregada da família, para dá-la a Pedrinho. A cidade é... APARECIDA.... de Goiânia.

77

A voz do anjo sussurrou no meu ouvido
Eu não duvido, já escuto os teus sinais

Dez e meia de um domingo de beleza daquelas. Luminosidade celestial. Céu azul, azul, mesmo tom de penas de ararinhas dessa cor, tão forte de fazer fechar um pouco os olhos. Quase dá para ver Gabriel, na Anunciação estilizada por Alceu Valença.

O microônibus lotado pára em frente daquele prédio, em Aparecida de Goiânia. Oh! Deus, a viagem de duzentos e poucos quilômetros de Brasília demorara um século para Jayro e Lia.

Que tu virias numa manhã de domingo
Eu te anuncio nos sinos das catedrais

Na pequena sala do escritório do Dr. Ezízio, os primeiros a entrar, tímidos, trêmulos até, e ansiosos, são Jayro, Lia e seus filhos. E naquela manhã de domingo, certinha, ele ali, em pé, porte ereto, esportivo, olímpico, altura de porta de igreja: Pedrinho.

Lia corre a abraçá-lo e a beijá-lo.

O primeiro de que se lembra é a conta, por ela sempre atualizada: 6.136 (olha só o sinistro e perseguidor 13 aí no meio, outra vez). Seis mil cento e trinta e seis dias desde o aziago momento em que, simulando falar por ele, a Seqüestradora garantiu-lhe:

— O Pedrinho volta já, já, já, ouviu?

Vupt! Sorveteu-se. Sabe lá o que são seis mil cento e trinta e seis dias? de vinte e quatro horas cada um? de sessenta minutos cada hora? de sessenta segundos cada minuto? Tudo isso de aflição, desespero, agonia, sentimento de culpa? Não, ninguém sabe. A não ser Lia que então se demora naquele prazeroso e sem igual abraço. Sua cabeça pouco passa dos ombros de Pedrinho e aqui, além de mãe, ela se sente também uma desvalida e meiga menininha. Pequenininha, pequenininha. Aperta-o mais e mais e mais, agora sentindo-se protegida. Atrás dos óculos miúdos, os olhos semicerrados. Estão enxergando só o Paraíso.

— Que milagre! Que grande graça! Obrigada, Senhor. Obrigada, Senhora Aparecida, mãe de Deus e nossa. Sem pecado concebida.

78

Jayro faz coro, agradecendo também, e são parelhos os lençóis de lágrimas que derramam. Chegam a chorar alto, quase aos gritos. Outros parentes, inclusive tios, entram e se apertam na sala, ansiosos para conhecerem o herói. A todos Pedrinho recebe com abraços, sem pressa, mas um tanto quanto atordoado, tímido, procurando palavras, não sabendo mesmo o que dizer, nem como agir.

Num canto, Vilma, olhos espritados de sempre, a tudo observa, por enquanto muda.

Lia, solene e carinhosamente, volta à frente do filho e o presenteia com aquela milagrosa imagem da negra Nossa Senhora Aparecida. O moço a agarra, sentindo o contato gostoso do manto de pano e, voltando-se para Vilma, cujos meneios indicavam querer isso mesmo, passa-lhe a estatueta de pouco mais de um palmo.

A mãe verdadeira agarra as mãos dele, acarinhando-as uma a uma. Em cada dedo, também alisado, pespega um beijo. Um a um. Todos os dez. Num ronrom lhe diz pausadamente:

— Eu sabia, filho meu. Filho de minhas entranhas. Eu sabia que esta hora ia chegar. Não me faltaria.

O jovem, pela primeira vez demonstrando reciprocidade no carinho e na emoção, dá-lhe um beijo no rosto, ainda que um tanto sem jeito. A alma de Lia, em assunção de quadro de Morillo, é carregada devagarzinho lá para o alto, bem alto, bem alto. Esplendor. Munificência. Recebe uma bênção direta, daquelas, privativas, reservadas só aos bem-aventurados. Aos escolhidos. Aos muito benditos pela Grande Luz.

O pai chama uma das filhas para perto do irmão, pega na orelha esquerda dela e, com outra mão, na direita dele e, sorrindo, muito alegre e brincalhão:

— As orelhas de ambos são iguaizinhas. Vocês são mesmo irmãos, meus filhos.

Aí é Jayro quem abraça entusiasmado e virilmente o filho, a quem pede confirmação da notícia recebida, de ser ele bom nos esportes, principalmente no futebol. Só que tem de deixar de ser torcedor do Corinthians e virar tricolor. São-paulino roxo, como ele.

Pedrinho sorri complacente e previne que treina futebol com amigos e colegas, quase todas as noites. E não perde um bom jogo no Estádio Serra Dourada. Principalmente quando joga o Goiás. É parada azeda num gramado. Até numa pelada.

— Vamos tirar a prova disso lá em casa, onde existe um campinho. Bateremos firme uma bola. E eu, apesar desses cabelos brancos, ainda estou em forma. Vou lhe dar um dribles, bem dados. Também temos piscina. Você gosta?

Com a resposta afirmativa, convida-o para ir logo a Brasília. Já está conquistando o rapagão. Foi quem mais conversou com ele, o tempo todo. Ficam de combinar a ida, deixando bem claro mais uma vez:

— A gente só quer lhe acrescentar coisas. Não queremos tirar nada de você. Temos muito amor para lhe dar. Nossa casa é a sua casa. Nossa família, a sua família também.

A mídia, em imensos magotes, choraminga à porta, para a vez dela. Confabulam e chegam ao acordo de que Pedrinho, Jayro e Lia subirão à sacada do prédio e ali serão fotografados com os repórteres na rua, de onde também poderão ser feitas perguntas. Vilma, de esguelha, sobe também, carregando a santinha consigo. É assim dada a inaugural entrevista coletiva, com as fotografias indo para as páginas mais visíveis de toda a imprensa e para as edições extras e as comuns, de todos os canais de televisão. Até no estrangeiro.

Na foto mais divulgada, Pedrinho está com Lia à esquerda, o pai à direita, abraçados, mas ele dá um jeitinho de esticar o longo braço e afagar a mãe de criação, ao lado de Jayro e com a Nossa Senhora Aparecida ainda segura pela mão e exibida, discretamente. Parece não querer que Vilma fique sentida e enciumada com o abraço em Lia. Tíbio que seja. Como é.

Amigos, curiosos e principalmente os familiares, ajuntados na calçada e na rua, diante da sacada e ao lado dos cinegrafistas e locutores, gritam, aplaudem, batem palmas, conforme as respostas e declarações dos pais e filho biológico. Fazem coro. Uns dão vivas ao Pedrinho, outros ao Júnior, representando cada lado.

São muitos e rápidos os percucientes olhares trocados entre Lia e Vilma. Ao descerem da sacada, esta dá um jeito de ficar meio de lado, sozinha com a mãe verdadeira. Consegue transmitir-lhe uma mensagem bem maior do que apenas deixou subentendido com esta frase assertiva:

— Olha, eu quero lhe dizer que não fui eu quem roubou o seu neném lá na maternidade.

Maria Auxiliadora sente um Vesúvio dentro do peito. Não! É um tubarão martelo. Taquicardia. Asco. Ganas de dar um salto de tigresa em cima da autora de sua desgraça. Mas faz-se de forte, resiste, calculando que assim poderá facilitar as coisas e a ida de Pedrinho pra sua verdadeira casa, o mais rápido que Deus permitir. Lacônica:

— Já sei. Já entendi.

79

Repórteres mais obstinados cercam a comitiva já saindo para o almoço. Poucas respostas são arrancadas. Jayro diz estar se sentindo como se tivesse ido à maternidade, encontrar o filho de novo, ainda pequenininho, até mesmo assistir ao seu nascimento, como fizera de verdade, quase há dezessete anos. O filho diz preferir continuar morando em Goiânia e que nada mudará em sua vida. Mas ressalva que a nova família agora conhecida é *gente boa demais, uai*. Lia mostra muita frustração e declara que sua felicidade só seria completa se Pedrinho já voltasse com ela naquele mesmo veículo coletivo. E isso é o que lhe parece certo, justo e legal. Mas — perdão, Senhora — ainda há formalidades a cumprir. E muita água por rolar. Debaixo e até... por cima da ponte.

Na churrascaria é arrumada mesa para vinte e duas pessoas. A emoção predomina e o ambiente é muito pesado. Sorrisos forçados e gestos convencionais. Lia não quer enxergar Vilma, ali toda oferecida, sem contudo esconder estar bem preocupada. Mas só tal proximidade basta para impedi-la de comer. Mal toca em uma ou outra comida, saladas de folhas. De repente, engulhos, ânsias e grande agonia a levam a pedir licença e rumar para o banheiro onde vomita a seco, pois pouco tinha no estômago. Quase desmaia. Retorna com um aspecto bem amargo. Face esverdeada. As filhas procuram confortá-la.

Pedida a conta, Jayro paga em torno de seiscentos reais. E, quase ao pé do ouvido, em tom confidencial, propõe a Vilma um entendimento para breve visita do filho à Brasília. Ela parece aceitar. Mas prefere ainda, antes, outros encontros em Goiânia mesmo. Depois, paternalisticamente, é ao ouvido do filho que Jayro dá muitos conselhos. Mas constatando ser inapelavelmente a hora da partida e das despedidas e — muito pior — da nova separação, abraça-se ao rapaz e chora de chacoalhar o peito. Pranto sentido.

As polícias das duas unidades da Federação sentem aumentar as suspeitas de que Vilma é a tão famosa Seqüestradora. Pois numa entrevista à Televisão Brasil Central de Goiânia, emaranhou-se toda ao tentar explicações sobre Pedrinho saber ou não ser adotado. O mesmo quanto a outros pontos decisivos da história toda. Como, por amostra, o local de nascimento do Pedrinho. A gari teria parido o mesmo em Mara Rosa ou no Distrito Federal, ora bolas? E ao detalhe muito comprometedor, de os investigadores terem achado naquele já famoso Sobrado Amarelo, onde Vilma mora também com algumas das filhas, guardados escondidos, antigos recortes de jornais noticiando o seqüestro dele.

A Delegacia de Homicídios do Distrito Federal pede e consegue do Instituto de Identificação Civil fotos de Vilma, rejuvenescida dezesseis anos, com evidências inconcussas de ser a Seqüestradora. No computador, combinaram-se várias fases da sua vida e as suspeitas são fortíssimas. Somadas aos novos depoimentos das testemunhas, desde a época do furto do bebê, essas provas formam o convencimento do bacharel Hertz de Andrade Santos de que deve indiciá-la como autora daquele feio delito.

80

Soa o telefone. É do *Fantástico*, da Rede Globo, chamando do Rio. Pelas informações de Lia — me dizem — seria eu a pessoa, no Brasil, que mais está a par do Caso Pedrinho, tendo em meu poder um imenso e valioso material ajuntado ao longo dos anos, inclusive cartas dela, escritas ao filho e preparando eu, já bem adiantado, um livro com esta história.

Pedem-me uma urgente e completa entrevista. Mostro boa vontade, porém digo ser difícil para mim viajar assim de imediato.

— Não, mandaremos uma equipe completa à sua casa. Nós é que viajaremos. Pouco importa para onde. Não se preocupe.

E assim é produzido, em longas, muito longas horas, no meu escritório, o *Fantástico* do próximo domingo. Escolho pessoalmente as três cartas de Lia que Nicette Bruno interpreta muito comoventemente. Aquela mãe de verdade e incontáveis outras pessoas telefonam à artista para cumprimentá-la. Faço inéditas revelações, algumas surpreendentes, mas só então constato como são amputadas as matérias que vão efetivamente ao ar, na televisão, onde cada minuto é precioso e caríssimo. Muitas selecionadas e editadas. Aparentemente pouco tempo de aparição minha, mas uma repercussão gigantesca.

Aí mesmo é que os meus telefones não param, com outros pedidos de entrevista, de toda a Nação. Hesito um pouco em aparecer no Ratinho, mesmo com sua enorme audiência, mas notório pelo exagerado escracho. Contudo a repórter que acaba me convencendo é a muito simpática Madalena Bonfiglioli. Como fosse uma advogada de muitas gatimanhas, me lembra que o Padre Marcelo também aparece lá. Vence-me e convence-me. Marcamos hora, então, para virem à minha casa, com equipe completa, sob o comando da própria e bonita loira que só formula perguntas lúcidas e cabíveis. Faço-lhe mais algumas revelações até então não divulgadas pelo restante da mídia. Os efeitos da minha fala comprovam o alto ibope daquele esquisito programa.

Cedi-lhe uma das cartas de Lia, para leitura diante da câmera. Talvez das primeiras em emoção de alta ciclagem elétrica. Madalena a declama penosamente, pois só consegue terminar aos prantos, molhando de lágrimas o sofá onde se assentara. Nós todos, circunstantes, inclusive o cinegrafista que a filma, nos sentimos inquietos, tremendo também, de comoção.

O *Programa do Ratinho* faz também uma pesquisa via telefone, com os seus muitos e muitos telespectadores, obtendo um percentual quase unânime, pró-condenação de Vilma. Ele fica tão excitado e revoltado, a ponto de subir num sofá e proclamar — compreendendo-se o exagero — que é pela apresentação no Congresso, imediatamente, de um projeto de lei, com PENA DE MORTE!!! Para a mulher que furtar bebê de outra.

Seguem-se entrevistas longas à Record de São Paulo, a televisões de Brasília e Goiânia, outras regionais, muitas revistas e gazetas de todas as partes. Todos insistem em saber se acuso Vilma, como a Seqüestradora. Explico não ter ainda elementos probatórios suficientes para tal grave acusação, e ela não recebeu até agora o amplo direito legal de defesa, mas que, em processo regular, entregue a honradas mãos de juízes competentes nos dois sentidos da palavra, a verdadeira culpada aparecerá, para ser punida na forma da lei.

Também sou entrevistado em casa, igualmente por longo tempo de atenção dada aos seus repórteres e fotógrafos, pela revista *Época*. Na semana com tudo programado para sair minha matéria, cortam-na para cometerem grave erro, dando na capa, como nota de última hora, ter Vilma confessado o crime: — Fui eu.

Isso não se confirmou, nem muito tempo depois, e as pessoas mais ponderadas, inclusive a principal vítima Lia, consideram cruel aquela exibição, logo na capa, da grande foto colorida da apontada como criminosa confessa, sorridente, e com o Pedrinho também sorrindo deitado no colo dela. Uma injustiça lamentável. Um certo desafio da Costa Preta. Uma picuinha.

O advogado de Vilma, cuidadoso, impetra, com pedido de liminar, *habeas corpus* preventivo, para que sua constituinte não seja presa pela polícia, ganhando salvo-conduto. Bem examinada, é tal medida heróica rejeitada pelo juiz do

Distrito Federal, o que ainda volta a ser repetido face à insistência do vigilante causídico, no julgamento do mérito. O fundamento do magistrado é de não ter sido demonstrada, nos autos do inquérito policial, nenhuma atitude da polícia que pudesse levar à conclusão de preparativos de constrangimento de Vilma, com prisão em flagrante ou detenção para averiguações.

81

Depois daquele primeiro encontro, Vilma começa a dificultar a prometida visita de Pedrinho à Casa 13, para estar a sós com os verdadeiros pais. Jayro chega a pensar na contratação de advogado especialmente para reivindicar a guarda do menor.

— Mesmo sendo ele obrigado a ir pra minha casa e ficar de cara amarrada uns tempos.

Ainda porque teme estar até a integridade física do filho, seu dependente legal, sendo ameaçada e por atos dos quais não tem a menor culpa ou responsabilidade. Até o enfiaram em porta-malas de carros e transportaram, sem capacete, na garupa de motocicletas velozes, para esconder-se da imprensa e da família verdadeira. Acha de bom alvitre, entretanto, tentar pela última vez a via amigável. Por isso telefona para Vilma e reclama.

Ela, sempre agindo de má-fé, nega estar criando casos e dá as usuais desculpas de quem primeiro deseja ganhar tempo, para ver depois, tudo o que e até aonde pode exigir. Afirma-lhes saber serem os pais biológicos, ótimos e humanos. Veste-os de anjos. Escolhem então um próximo fim de semana para o moço ir até dormir em Brasília. Marcam a hora de chegada, com garantia de ser sem um minuto de atraso. Ficam todos esperando até agoniados. Com tudo preparado na casa, inclusive refeições e guloseimas especiais e... mais uma vez ela procede mesmo como a Vilma da Costa Preta. Nem Pedrinho aparece e nenhum telefonema de desculpas e proposta de nova data para visita.

A polícia aperta as cravelhas, o bacharel Hertz de Andrade Santos prossegue no andamento do inquérito e marca, para uma terça-feira, ouvir aquela tão suspeita mãe de criação. Parentes do pai falecido também deverão depor. Mesmo admitindo à imprensa que Vilma poderá ficar calada, resguardando-se para só prestar declarações em juízo, ainda assim, querendo, o presidente do inquérito policial adverte e repete ser o comparecimento — pelo menos esse — obrigatório. Mesmo assim, ela não vai. Simplesmente não vai. E pronto.

Lia, com ajuda de alguns beneméritos intermediários, faz chegar às mãos de Pedrinho uma carta explicando-lhe serem, ela e Jayro, muito religiosos, seguidores da Palavra Sagrada do Criador e, diante disso, só vibram na verdade. E nada pode dar certo se continuar ou mais ainda, se começar com mentiras. Nenhuma firme e saudável relação pode se alicerçar na falsidade. Por tudo isso, depois de muito refletirem, fica definitivamente decidido que ela vai acusar a mãe de criação, na polícia e na Justiça, de ser a Seqüestradora, por ter inabalável certeza disso.

De fato, na segunda-feira seguinte, assim é concretizado perante o delegado e Lia assina, inteiramente consciente de estar agindo certo, a detalhada inculpação.

Mais testemunhas agravam a situação de Vilma, depondo no inquérito para garantir ser ela a culpada. Reconhecem-na. Uma das de mais valor, pela sua autenticidade e pela forte credibilidade que impõe, é a bancária Marilena Garcez.* No dia do abocanhamento de Pedrinho, ela se encontrava na Maternidade Santa Lúcia, fazendo companhia a uma irmã, que dera à luz na mesma noite.

Está de pé, diante da parede de vidro do berçário, admirando sua sobrinha, quando uma mulher se aproxima e faz uma série de perguntas sobre o neném.

— Quem é esta criança? Filha de quem? Como correu o parto?

Outras perguntas pareciam estar engatilhadas mas foram interrompidas quando da resposta da última:

— Qual é o sexo?

— Menina.

Então a estranha e chamativa figura continua seu caminho. Marilena, ao vê-la na televisão, diz ter sentido um frio na espinha, até deu gritos e proclamava a todos em volta:

— É ela mesma. É a mulher da maternidade. Se não for ela, só se tiver uma irmã gêmea idêntica e esta for tal irmã. Mas não creio. Pra mim é a ladra do Pedrinho e que conversou comigo. Depois do encontro no berçário, eu ainda a vi saindo do quarto de Maria Auxiliadora, localizado em frente ao de minha irmã. Custei um pouco, mas pouquinho, a identificar tal pessoa, porque, então, ela havia prendido os cabelos pra trás, usava óculos escuros e carregava uma sacola, com a qual procurava seguidamente esconder o rosto.

Depois — completa ela —, intensa correria pelos corredores da maternidade e Jayro aparece no quarto da irmã, perguntando sobre seu filho sumido. E saiu, transtornado, até abrindo grandes tampas de ferro, de esgotos, nos corredores e nas ruas próximas, conferindo se lá não teriam jogado o seu bebê.

Marilena, desde aquela época, sempre colaborou no inquérito e ajudou a construir os primeiros retratos falados que eram com olhos, sobrancelhas, boca, nariz abatatado etc., tudo só de papelão pintado. Coisa de circo ou teatro mambembe.

Ela quer, do fundo de seu coração, seja feita Justiça, daí estar auxiliando as autoridades, mesmo ciente de alguns riscos pessoais que pode estar correndo. Anteriormente, ao fluir de tantos anos, por várias vezes foi chamada para reconhecer suspeitas e jamais fez isso. Sempre era a primeira a ser convocada. Entretanto, nunca identificou nenhuma. Mas, agora, o sino bateu. É Vilma mesmo, a Seqüestradora, assim firmemente reconhecida desde sua primeira mostra na Rede Globo.

82

O Brasil inteiro e muitos pontos do estrangeiro, até bem distantes, mas de língua portuguesa, aonde chegam, pela magia dos satélites, as imagens das redes de televisão mais poderosas, num sentido bem estrito como que levando almas de outro mundo, assistem a um dos mais pungentes shows da vida.

O Titã Globo forma um *link* entre Brasília e São Paulo para transmitir algo muito especial e alvissareiro, no tão visto programa de todas as manhãs, *Mais Você*, de Ana Maria Braga: o casal Jayro e Lia, de mãos dadas, dialoga com ela. Inspirada, tão sensível apresentadora repete a gravação da leitura das três cartas da mãe verdadeira, ao filho, na interpretação correta e contagiante da atriz Nicette Bruno.

Todos já em cada estúdio, nas duas capitais, caem em choro por várias vezes. Muitas perguntas são respondidas e então chega a vez de Lia dirigir-se shakespearianamente ao filho e, pela primeira vez diante do que lhe vai dizer, chama-o só de Pedro e não de Pedrinho ou Pedroca, como sempre faz, com carinho. Como para grifar, por ser grave e decisivo, muito grave e de tantas conseqüências:

— Pedro, você pode até ficar triste comigo, mas eu tenho que dizer a verdade, aqui ou perante autoridades e principalmente perante Deus, nosso Criador, que nos ensina a vibrar só na verdade: eu reconheço perfeitamente, e sem a menor sombra de dúvida, ter sido sua mãe de criação quem me enganou, faltou à verdade, com tapeações, e conseguiu tomar você de mim, por tantos dolorosos anos. Impiedosamente.

Para culminar, com cores de tragédia grega, a maltratada mãe, mostrando mais uma vez seu gigantismo moral, fixa bem o olhar no oco da câmera e fala, com voz só ligeiramente trêmula, mas estarrecedora comoção:

— Não se sinta pressionado. Eu te amei e te amo de maneira incondicional. Da forma que você quiser, quando quiser, onde quiser, eu estarei pronta a te aceitar.

A revolta popular geral é tanta que uma desconhecida senhora, já um pouco entrada em anos, mas bem forte, pára em frente de Lia, no dia seguinte, num supermercado e lhe diz, falando pra valer:

— Minha querida e sofrida mãe: se você qualquer dia ouvir falar que deram uma surra, mas uma surra daquelas, daquelas de criar bicho, na mulher que lhe roubou o Pedrinho, pode ficar sabendo e certa de que fui eu.

A polícia, ainda com esse adendo público, não tem mais dúvida alguma da autoria do seqüestro.

— Já está claro que Vilma foi a mulher que entrou no hospital e levou o recém-nascido — declara peremptoriamente à mídia o delegado Hertz Andrade Santos.

Mas agora, com o vento rápido virado para o Bem e para completo esclarecimento da verdade, os policiais são agradavelmente surpreendidos com mais o surgimento de dois irmãos de Costa Preta que dão com a língua nos dentes para trazer novas achegas. É ainda levantada a suspeita de que duas das quatro filhas de Vilma igualmente teriam sido seqüestradas por ela, pelo que fala mais pormenorizadamente a irmã Guiomar.

O irmão, Sinfrônio, vigia noturno, conta aos delegados goianos ter, exatamente em janeiro de 1986, quando era motorista profissional e serralheiro, sido procurado por Vilma com a solicitação de levá-la a Brasília. Diz ele que não conhecia a cidade mas ela tranqüilizou-o relembrando que até vivera lá alguns anos, quando ainda casada, e o ex-marido e ela tocavam, por arrendamento, o bar e restaurante de um pequeno clube da orla do Lago. Mostrar-lhe-ia o caminho.

Ele então concorda e partem bem de manhãzinha. Ela manda parar no estacionamento ao lado de um hospital e que a esperasse. Depois volta uma vez ao carro, para pegar uma bolsa de plástico ou lona, branca, retorna à maternidade e não demora a reaparecer com uma criança dentro. Dá a versão de ter recebido tal bebê de presente e manda tocar ligeiro, de volta para Goiânia, aonde ali chegando, teriam se desentendido, pois Sinfrônio não desejava se comprometer e estava desconfiado da história. Quase se estapearam. Ela teria seguido em outra condução para Mara Rosa.

Em pleno mês de janeiro, árdego verão, num fusquinha azul, conforme descreveu aquele irmão, fácil calcular o mal que Vilma causou ao recém-nascido de apenas treze horas, numa longa viagem acima de duzentos quilômetros, sem ar condicionado, sem alimentação própria, sequer água, no máximo do calor do meio do dia e na lerdeza do andar de tão pouco possante e incômodo veículo. Tudo tão diferente do berço e do apartamento de onde foi tirado. Com essas próprias confissões, de se acrescentarem as grandes conseqüências do crime, até nesse aspecto.

Quando Vilma tem a segunda chance de apresentar alguma defesa, perante autoridades, é na Delegacia Estadual de Investigações Criminais, em Goiânia, onde, só após reintimada, faz verdadeiro carnaval, já chegando com dois avantajados seguranças. Face à insistência dos repórteres em ouvi-la, duas de suas filhas, Christiana e Patrícia, empurram-nos fortemente e tentam atingi-los a socos. Vilma fica apenas 10 minutos na presença da autoridade policial e logo, sem declarar nada, sai pelos fundos. Correndo.

83

Arrastam-se, como sucuri, lerdos e bojudos de incerteza, já doze dias desde o encontro de Aparecida de Goiânia Jayro declara repetidamente à mídia ter sido tungado por Vilma. Ao contrário do combinado, ela nada fez para a primeira visita de Pedrinho ao seu verdadeiro lar. Casa onde deveria estar há já quase dezessete anos e sequer uma vez ali entrara.

Naquele sábado, 22 de novembro de 2002, entretanto, é das mais vivas alegrias, a surpresa da notícia da chegada do filho ainda quase desconhecido, na verdade, pois não haviam tido os pais biológicos um minuto apenas para conversar com ele a sós.

Tudo indica ter a mãe de criação, vendo-se rodopiar para o fundo, no torvelinho de acusações públicas e da polícia, buscado valer-se do próprio filho, para conseguir uma trégua junto aos pais que Deus escolhera para ele.

Trazido pela equipe de um programa noticioso e sensacionalista, de um canal de televisão de Goiânia, Pedrinho é recebido na chegada de Brasília, em ponto previamente combinado, por sobrinhos de Lia.

Como cercado de estrelas capazes de mais ainda iluminarem o meio-dia ensolarado, aquele verdadeiro anjo entra na Casa 13, com dois amigos que o acompanham desde o início da viagem. Os maus julgadores — é voz corrente — julgam os outros por si. Então, a família Tapajós desconfia que os companheiros foram trazidos juntos, porque Vilma precisava evitar alguma imaginária atitude dos pais legítimos tentarem segurar o filho lá em sua residência, impedindo-o de voltar. No julgamento de Vilma, talvez pudessem deliberar prender o seu filhinho, até em cárcere privado. Como procederia ela, por certo, em posição inversa. Mas nunca isso ocorreria com Jayro e Lia. Honestos e escrupulosos por formatura. Cristãos por devoção. E pela Graça de Deus.

Mas vejamos esta nova empolgante e imperdível cena: o plantão constante de repórteres e cinegrafistas, dia e noite acampados em frente da Casa 13, agora ainda avolumados, pois uns contam para os outros que ainda não saibam, e aquela novidade é espraiada.

Formam um círculo em torno do rapaz e seus acompanhantes, chegando a dar a impressão de estarem a fim de linchá-los. Pedrinho logo previne que não fará declaração alguma. Jayro o salva do cerco, coloca-o dentro da área da casa e, apenas por uma das folhas do portão entreaberta, propõe uma condição à mídia: com a gentileza de algumas horas de intimidade e sossego, no final da tarde a família aparecerá à frente da casa mas apenas para fotografias e respostas só dele, pai, e dela, mãe. O moço não falará nada. Nenhuma questão lhe deverá ser formulada. A contragosto — viés profissional —, concordam, murchos. Vencidos.

Lia beija efusivamente o filho, no *hall* de entrada, perto de seus santos, aos quais agradece com o olhar e preces assopradas entre os trêmulos lábios. Mas tão descomunal é sua felicidade que ela se atordoa, bambeia o corpo e precisa encostar-se à parede e ser amparada pelos braços fortes do filho. Tem um ligeiro desmaio e socorrem-na com mezinha caseira.

Pedrinho viera passar o fim de semana. Decidido de última hora. Caíram logo, todos os homens, na piscina para se refrescarem e ele já precisou aceitar o desafio paterno para ver quem nadava mais rápido. Apesar de tão entusiasmado e eufórico, é bobagem perguntar se Jayro ganhou. Depois jogam pingue-pongue.

Aí vão para o futebol, no campinho. Duro baile é dado pelo moço ao pai. Mas Jayro, em vez de ficar triste com a possível humilhação, lambreca-se de felicidade e orgulho por ter um filho tão craque.

— É dez. É dez nos esportes. Me puxou.

Lia tinha perguntado qual o prato predileto do filho. Inclui o hambúrguer com fritas no meio daquele mundaréu de variedade de comida de primeira que as mineiras gostam de ter nos banquetes domingueiros. Viva!

Para adiantar a janta, já manda a cozinheira ir deixando no jeito o estrogonofe, também pedido por Pedrinho. Mas volta e meia vai — exultante — espiá-lo brincando no seu quintal. Igualmente informada do doce favorito, ela própria enrola os brigadeiros na palma da mão e os coroa com o chocolate granulado. Ficam chiques. Muito engraçadinhos. Faz tudo como epicurista, requintada, envolta naquele vapor de felicidade.

Antes do banquete, Jayro, também para um *relax*, celebrou com algumas doses de puro escocês, e depois acompanhou as guloseimas de um encorpado tinto do Alentejo. Pra quê? ele já de olhos precisando de palitinhos para se manterem abertos, a todos convida com voz pachorrenta, para uma rápida sesta. Dormem bem, cansados e empanturrados.

Cinco, cinco e pouco, Jayro se lembra do exército aquartelado lá fora, à espera deles. Lava o rosto, acorda o filho, junta-se à mulher e vão para a frente da calçada, limite para repórteres e câmeras, transbordando para a rua.

Abraçam-se os três e assim são exibidos para o mundo. A primeira entrada de Pedrinho em sua casa, por direito e por amor dos pais. Dá para perceber uma certa fleuma do filho, ao repetir beijos à face da mãe, a pedido do povinho dos jornais, revistas, rádios e televisões.

Somente Jayro, mesmo mostrando-se um tanto quanto cansado, compreensivelmente, declara alguma coisa:

— O amor não tem como qualificar. Acontece de todas as formas. Ao ver meu filho, só quero abraçá-lo.

Lia dá a desculpa de que não houve tempo, ainda, para conversas sérias, entretanto, como o filho vai dormir lá, ainda tratará com ele de assuntos íntimos, familiares.

Mas não é que o moço, na hora de retornarem ao interior da casa, dá um jeitinho de dizer a alguns repórteres estar esperando — e insiste nisso — que dêem uma trégua à sua mãe de criação?! E adverte encontrar-se ela muito doente com as perseguições sofridas e aumentadas dia a dia. Parem com isso.

Previamente autorizado por Jayro, Pedrinho tão logo chega à sala chama por telefone Vilma, em Goiânia, para garantir-lhe que tudo está bem, saindo como combinado e não esconde um filial afeto — amor declarado mesmo — por ela. Calcule-se o sentimento de Lia, ouvindo tudo, mesmo sem procurar, na cozinha encostada.

Cristaliza-se, sem sombra de dúvida, outra *síndrome de Estocolmo*. Um estado de espírito assim denominado e de sintomas qualificados, desde que em 23 de agosto de 1973, num assalto ao estabelecimento bancário Sveriges Kreditbank, na Suécia, fugitivos de um presídio, comandados por um perigoso e perverso Olsson, ali entram dando tiros de metralhadora e fazem inúmeros reféns por cinco dias e meio. Pois nessas cento e trinta e uma horas, a convivência ininterrupta entre eles acaba por tornar amigos captores e detidos, a ponto de, passada a gravidade da situação, entregando-se os bandidos, que libertaram cuidadosamente todas as vítimas, essas passam a depor a favor daqueles. Alguns chegaram a organizar fundos financeiros para custear a defesa judicial dos assaltantes.

Estudiosos do espírito humano dizem ser essa uma *aberração mental*, principiando numa atitude infantil. O inocente Pedrinho, embora não se dê conta disso, está também com a *síndrome de Estocolmo*, que principalmente Lia precisa entender, aceitar e há de superar mais essa difícil adversidade. Fé não falta a tão extraordinária e abençoada mulher. Embora tantas vezes fundamente ferreteada.

Talvez tudo programado já desde Goiânia, os colegas de Pedrinho nunca o deixam a sós com a cerimoniosa mãe. Ou não é intencional? E a prosa séria, de coração a coração, desejada tanto por ela, fica adiada. À noite, os três moços dormem em colchões improvisadamente estendidos no chão do *living*. Achando ótimo. Uma farra.

No dia seguinte, novos turnos de esporte, amainados algumas vezes, por um gritado jogo de truco — Toma seis, ladrão de milho —, para descanso dos músculos e exercício das cordas vocais.

Outro almoço daqueles. Pouco depois de um relaxamento, os garotos comunicam que é hora de ir embora. A letra de um fado português diz, com propriedade, que partir é morrer um pouco. E que morte para os pais biológicos! Tudo agravado pela incerteza do regresso do bem-amado filho. Se e quando voltará?

Como tanto já fizera antes, para não azedar tudo, Lia chora por dentro. Mantém a aparência de felicidade e concordância. Só aparência:

— Oh! Minha Nossa Senhora da Aparecida, por que é que ele não pode ficar aqui, no lugar a que pertence, de uma vez por todas?

Cuidadosa com esse apanágio de todas as mães, ela e Maria Helena preparam matula para o filho e seus amigos, refrigerantes e água mineral.

— Imaginem só se vocês podem passar sede e fome no caminho. Ara!

Adeus, adeus, adeus. E o carro deixa um risco de fumaça e de saudade ao demandar a pista principal e seguir rumo ao Sul.

84

Um canal de televisão de Goiânia, em horário dos menos vistos, transmite, sem qualquer chamada prévia, em cadeia com São Paulo e outras poucas cidades menores, só aquela vez e nunca mais, uma entrevista ao vivo. Matéria feia e estranha: uma mulher é filmada de costas, diz não poder ser identificada e afirma ter muito a revelar sobre o Caso Pedrinho.

Passa então a falar cobras e lagartos de Vilma, historiando ter sido amiga dela ao longo de quase uma vida toda e sempre a auxiliara, com orientações para coisas boas e na prevenção de outras ruins. Afirma orgulhosamente ser mãe-de-santo, de grande nomeada e infalível. Mas Vilma não presta mesmo e dá prejuízos a todos. Imagine que até a ela. Supermentirosa. Deixaram de ser amigas porque aquela lhe dera um golpe, enganando-a num negócio, estando lhe devendo bastante e negando-se a pagá-la. Fica no ar a insinuação de que podem ser verdadeiras as acusações do seqüestro de Pedrinho, para segurar um senhor vinte anos mais velho e muito mais rico, capaz de dar-lhe paz financeira e vida boa, se convivessem. Existe mais sujeira: o furto também de duas de suas filhas, de forma igualzinha, de maternidades.

Pára por ali tal depoimento, sem repercussão em outros noticiários.

Passadas poucas semanas, contudo, Lia está ocupada em seu lar, quando toca um dos telefones da casa, o mais conhecido e mais chamado. Diante da avalanche de pessoas querendo diuturnamente falar com ela, com Jayro, até com Maria Helena, para colher informações, ou com os filhos, para importunar, protegem-se com uma secretária eletrônica, que pode ser interrompida se interessar responder, senão gravam-se nomes e telefones para eventual retorno.

Nesse momento, por qualquer razão, a máquina de atender chamadas de telefone está desligada. Por isso, diante da longa insistência dos toques da campainha, inadvertidamente Lia leva o aparelho ao ouvido. É uma voz arrogante e impositiva, gosmenta, declarando tratar-se de alguém ainda não conhecida por ela. Uma mãe-de-santo, mas pode chamá-la, como o povo e os descrentes fazem, até com deboche, de macumbeira. Não se importa, não liga. Dá de ombros. Mas não duvide ter ela muito poder.

Lia pede-lhe então o obséquio de falar logo o que deseja. A tal estranha criatura quer preveni-la para evitar-lhe outros males.

— Como assim?

— Eu sou amiga da Vilma, desde muito, mas muito tempo. Você ouviu falar de mim? Apareci na televisão.

— Sim, levemente. Me contaram. Mas parece que vocês estavam brigadas, pois ela lhe teria dado um golpe financeiro.

— Entretanto ela logo em seguida me procurou, me pagou e fizemos as pazes. Estou ajudando-a de novo e por isso vou adverti-la: você a está acusando de ter sido ela a mulher que retirou o seu bebê da maternidade, mas é engano seu, puro engano. Passaram-se muito anos. Você está se confundindo. Foi a mãe dela. Elas se pareciam por demais. Você deve declarar à polícia e à Justiça que não tem certeza, poderia mesmo ser a mãe dela, que aliás já morreu.

— Assim você está me pressionando. Me coagindo. Constrangendo uma parte num processo penal. E se eu não aceitar isso e insistir na verdade, na qual e só na qual vibro?

— Pois ouça, minha cara: quem avisa amigo é. Eu sou mãe-de-santo mais para fazer o bem, mas se tiver de fazer o mal sou capaz até de causar a morte de alguém. Refaça seu depoimento pessoal. Diga que foi a mãe de Vilma.

— De maneira alguma. E você não me assusta, minha senhora, todo o poder emana de Deus e só de Deus. Nada se faz contra a Sua Sagrada Vontade. E Deus está comigo. Ele é o meu Pastor. Nada me faltará.

Desligou. Pode ter sido a mesma da televisão. Pode não ter sido. Mas não, hein?

85

Quatro cevados volumes, totalizando mais de duas mil páginas, já vetustos, começados há quase dezessete anos, são postos na mesa de despachos do juiz de Direito César Laboissière Loyola, titular da 8ª Vara Criminal de Brasília. É o processo crime do chamado Caso Pedrinho. Nas últimas folhas, a denúncia, peça escrita com a qual o promotor de Justiça pede o desencadeamento de uma ação penal contra infrator da lei, ali constando a exposição do fato criminoso, a qualificação do acusado, o rol de testemunhas a serem inquiridas e mais alguns dados e requerimentos. E baseando-se no inquérito policial anexo.

A denunciada é Vilma Martins Costa, com os diversos outros nomes que usa. Tal peça foi produzida por um grupo de jovens e cuidadosos membros do primeiro grau do Ministério Público, após várias reuniões e discussões entre eles, ouvidos os mais experimentados, alguns até com curso na Europa e que deram meticulosos pareceres publicados na imprensa do Distrito Federal.

Chegaram à conclusão de ser caso do crime de seqüestro, previsto no artigo 148 do Código Penal e de falso registro de nascimento, do artigo 242 da mesma lei punitiva.

Assina o libelo a promotora Ana Cláudia Melo, da 15ª Promotoria Criminal. Poderia, inclusive, ter ali requerido a prisão preventiva da acusada, mas argumentou não haver, por enquanto, elementos suficientes para justificativa de tão grave e humilhante determinação. Ainda porque tem ela residência fixa, apesar de morar apenas há pouco mais de três meses no Sobrado Amarelo Engaiolado, do Setor Jardim Europa, de Goiânia. Porém ainda pode pedir a medida coercitiva a qualquer momento, como o juiz pode decretá-la por iniciativa própria, se surgirem fatos novos e recalcitrância.

Às mãos do meritíssimo, o processo chega, naquele 22 de novembro de 2002, por volta de três e meia da tarde. Teria ele vários dias de prazo para receber ou não a denúncia. Mas, certamente também solidário com a angústia do povo, de ver o andamento da punição, por todo o país e até outras nações, em menos de duas horas decidiu por aceitá-la. Mas não o fez de orelhada. Fundamentou juridicamente bem sua decisão. Relembrou que o delito de seqüestro pode se consumar mesmo que a restrição à liberdade da vítima não seja absoluta. Pedrinho sofreu tal restrição no seu direito de ser livre, a partir do momento em que foi retirado dos pais biológicos. Diz o julgador:

Privado do reconhecimento da realidade por desconhecer a própria identidade, (a vítima) não teve opção de escolha em relação aos caminhos de sua vida.

O crime de falso registro de nascimento, por estar tão ligado por fortes laços ao de seqüestro, deve ser julgado junto, em Brasília, mesmo tendo ocorrido em Goiânia, pela evidente conexão. Isso também está assinalado no referido despacho de recebimento da denúncia, diante do qual se dá por iniciada a ação penal e a acusada passa tecnicamente a poder ser chamada de ré. As penas, somadas, podem atingir onze anos de privação da liberdade. Ou mais, se também reconhecidas outras agravantes do artigo 61 do Código Penal, dentre elas o motivo fútil ou torpe. Ela, muito finória, mais do que interesseira, inventou o nascimento do filho homem para segurar o companheiro aposentado e de ótima renda mensal, duas distintivas décadas mais velho. Conclusões lógicas a que também chegou o promotor e doutor em Direito Penal, em Lisboa, Diaulas Ribeiro, que assessorou a elaboração da denúncia.

No mesmo despacho, o juiz determina expedição de uma carta precatória à comarca de Goiânia, para, na Justiça de lá, ser interrogada a ré. E, com exação, faz a ressalva de não ser um julgamento definitivo.

Nove testemunhas da acusação estão arroladas para serem inquiridas, em seguida. Dentre elas, a enfermeira Justina, aquela que estava de plantão, quase em frente ao Quarto 10, quando do seqüestro do Pedrinho. Ainda na década de 1980 chegou a ser denunciada como co-autora mas um *habeas corpus* obteve o trancamento do processo, porque não se poderia falar em co-autora se nem referência, menos ainda identificação, havia, da autora.

Tudo agora porém, já só para meados ou fins de fevereiro de 2003, diante da proximidade das férias forenses. Resta o consolo de que Vilma já está com ação penal em andamento e o despacho do juiz que recebeu a denúncia, dentre outros efeitos, interrompeu o prazo de prescrição dos crimes. E, pior, muito pior para ela: não há força humana capaz de interromper, a pedido de ninguém, o andamento desse processo. Não há acordos nem empates. Só termina com a condenação ou a absolvição dela. Salvo o difícil aparecimento de alguma forte nulidade.

86

Recomeça a paciente luta para um terceiro encontro pessoal entre os pais de sangue e o filho. Vê-se implícita a determinação de Vilma em negociar com isso, sempre levando vantagem, é claro. Ela é bastante inteligente para perceber estar a opinião pública, dia a dia, mais contra si. As próprias filhas, com suas afrontas, também colaboram para isso. A maneira com que ela própria, cercada de brutamontes, ditos guarda-costas, vai à Delegacia em Goiânia, para ser ouvida no inquérito pela segunda vez e trata muito mal a todos, com rijeza e valentia, aumenta a onda contrária do povo. Vilma busca compensar essa adversidade. É esperta. Loba rapace.

Ponderando a identidade de gostos entre ele e o mancebo, principalmente quanto ao futebol, mais ainda por ser o filho alvinegro, Jayro tem a idéia de convidá-lo para irem juntos a São Paulo assistirem à importantíssima partida entre Corinthians — do coração dele — e Fluminense, semifinal do Campeonato do Brasil. Pedrinho aceita — como não, hein? — e a família vai toda para o aeroporto de Brasília, onde almoçam e participarão, Lia e os outros filhos, do bota-fora de pai e do jovem esportista, este vindo de Goiânia especialmente para se encontrarem ali. Lia não vai porque é coisa de homem.

Partem, entusiasmados como dois integrantes de uma torcida organizada, para o vôo de hora e pouco, mas a viagem completa, inclusive a ida ao estádio, de acesso tão mais difícil quanto qualquer ponto de Brasília, por mais freqüentado seja, e a volta corrida, no trânsito cheio de nós e funis até Congonhas, logo na manhã seguinte, levam Jayro a qualificá-la como muito cansativa. Pedrinho, ao contrário, não está nem ali.

A única coisa bastante chocante, e que deixou os dois constrangidos, aconteceu na noite anterior. Findo o jogo e antes de retornarem ao hotel para dormir, pai e filho vão jantar num restaurante dos Jardins, de boa categoria e freqüentado por gente de linha.

Mas só conseguem mesa quase na entrada do salão. Estando no meio do jantar, adentra uma família de umas cinco pessoas, todas vestidas com apuro, e a senhora mais velha, provavelmente a mãe, nota a presença de Pedrinho, não se contém e vai célere à mesa deles, onde os cumprimenta e pergunta ao moço:

— Você não é o menino que foi roubado na maternidade lá em Brasília?

Jayro responde pelo filho, meio sem fala:

— É ele mesmo.

— E o senhor é o pai? Logo reconheci também. Pois meus parabéns. Jayro, Jayro é o seu nome, certo? Então ouça bem isto que eu lhe vou dizer: nós aqui em São Paulo estamos acompanhando tudo. Principalmente as mães paulistas são cem por cento vocês. E agora eu vou falar rasgado: não se pode ter complacência nenhuma com aquela mulher. Isso seria capaz de entusiasmar outras criminosas como ela. Nada de colher de chá. Dureza com ela, mas dar duro mesmo. Sem dó nem piedade. Linha dura. É preciso pôr na cadeia aquela...

E, contrariando a predominante finura da sociedade paulistana, referida dama, com o aplauso e as palmas do restante de sua família e de outros circunstantes, não sopita a vontade de exprimir-se excepcionalmente, em vulgar e baixo calão, o único, no sentir dela, próprio diante de tanta maldade e daquele comportamento posterior da seqüestradora. Pois, com voz forte e enraivecida, completa um sonoro e escandido:

— ... fi-lha da pu-ta.

Não teve perspicácia, ou a raiva era tanta, que se esqueceu de Pedrinho, ali estupefato e mudo diante do inesperado. E ele defende a mãe adotiva, até de público, sempre que é entrevistado, como é sabido.

No avião, sabiamente, Jayro, com modos, o previne:

— Veja a inconveniência de você ficar declarando estar ao lado dela a qualquer custo. Se a coisa aqui se apresenta assim, imagine lá em Brasília.

Pedrinho, à janela, apenas ajeita o travesseirinho no vidro, ali apóia a cabeça, estica os pernões quanto pode, e fecha os olhos.

O Boeing já sobre o Pico do Jaraguá, toma o rumo Norte, pegando velocidade de cruzeiro. O filme da vida prossegue. Rola o drama.

87

Outra cena inaudita, levada aos quatro pontos cardeais, passa-se bem ao olhar de incontáveis câmeras que focalizam o Sobrado Amarelo, turma toda da mídia, por aqueles dias mesmo em plantão contínuo. Repórteres mil. Muitos curiosos sapeando mais à distância, um pouco. É dia bem claro.

O portão de ferro dobrado, ligando a rua a uma varanda e abrigo de carros daquela residência, encontra-se aberto. Nenhum veículo por ali e ninguém atende ao bater de palmas ou ao chamar pelo interfone. Aparentemente não há viv'alma. Algumas repórteres, microfone em punho, mais destemidas, querem conferir e — claro — entrevistar quem puderem. Entram cautelosamente, pé ante pé, e chegam a um vitrô, por onde tentam enxergar alguém lá dentro. Porém voltam logo. Vapt vupt.

Mas uma fica, por mais um pouco. É do SBT, do Gugu. Doce criatura, muito querida pelos colegas. Chama:

— Ó de casa.

Ninguém responde e ela vai se retirando. Já está na calçada quando surgem, não se sabe vindas de onde, efervescendo e espumando de ira, algumas das filhas de Vilma, as quais passam a invectivar contra todos.

Nenhum pedido de desculpa é aceito, de estarem no exercício de seu lícito trabalho. Ou de terem encontrado aberto o portão.

Uma das irmãs, a mais forte e mais morena, começa a discutir exatamente com aquela, a que mais dentro entrara e que responde calmamente, escusando-se. No entanto, tal moradora do engaiolado Sobrado Amarelo vai perdendo as estribeiras. Descontrola-se de vez. Xinga e é auxiliada pelas irmãs, no destampatório de porta de circo. Num dado momento, fica quieta e vai enchendo as bochechas de saliva. Ajunta bem. Um tantão. Mais um volumoso tantão. E outro.

Mesmo tendo se calado todos os da mídia, principalmente a simpática moça do SBT, apenas segurando o microfone no rumo das agressoras, a captar o esgoelado por elas, a tal mais brava e de tez mais escura, aproxima-se daquela que entrara apenas na área ladrilhada e, numa atitude traiçoeira, de pura atrábilis, aviltante e nojenta, aproxima-se ao máximo — vítima já na rua — e lhe dá volumosa cusparada no rosto. Acerta em cheio. Como um sapo, dos que vomitam lá adiante. Imundície a escorrer até ao peito da atingida.

Esse espetáculo, tão degradante para sua autora, é, à exaustão, repetido em todos os canais, e as fotos são impressas na maioria dos jornais e revistas. Uma lástima! Juridicamente existe neste crime a agravante de ter sido praticado com instrumento e de maneira vil, como se tivesse sido utilizado um chicote com que geralmente se espancam burros. Bater em alguém com chicotadas é mais grave do que a murros ou mesmo com coronhadas. Se tapa na cara já é uma vergonha, pior ainda cusparada na cara. Humilhante ignomínia. E mais antagonismo popular contra tal súcia. É unânime a solidariedade corporativa das gentes da imprensa falada, escrita ou televisiva. Que esperar de volta?

Até agora tudo indica ser Pedrinho, nesse aspecto moral, diferente de tais irmãs. Popular e estimado no colégio, todos dizem ser, às vezes, um pouco tímido mas, na maior parte do tempo, muito brincalhão e um namorador daqueles: cara-de-pau com as moças. Elas até que o assediam, na verdade. Assanhadas. Suspiram, achando-o um filé. Sumarenta. Na vizinhança são vários os romances sabidos. Tem o apelido, ao qual não liga, de *Slod,* um monstro da série de filmes, *Os Goonies.* Amolam-no com brincadeiras sobre sua mudança legal de nome, agora. Mas de se lembrar que ele tem berço — como se avaliava antigamente, ainda mais —, e que berço! tem o bom sangue de uma família classuda. Rapaz de *pedigree*, como se diz pilheriando. E o pai de criação, homem de bem e instruído, embora um pouco ingênuo, para ser tão enganado como se acredita ter sido, já está visível que cuidava diretamente de sua instrução, até acordando-o cedo, para ir à aula e, na certa, transferiu-lhe bons princípios éticos.

É um moço legal, na simplicidade do lugar-comum entre eles. Tudo indica que encontrará o melhor caminho para prosseguir na felicidade em que vive sempre, apesar de estigmatizado por tamanho drama, até há pouco ignorado por ele, agora nesta encruzilhada que o Destino lhe apresenta.

Mesmo com toda a inesperada e rápida celebridade, por toda parte provada, aplaudido pelas gentes, mimado, não se mascara.

Às vésperas do primeiro jogo da decisão do Campeonato Paulista, em 2002, alguém da diretoria do Corinthians, sabendo ser ele seu torcedor e para, psicologicamente, anular um pouco a vantagem, o grande cartaz baseado nos *meninos*, do adversário Santos, telefona para Jayro, convidando o seu menino para ir a São Paulo, com tudo tudo pago e gente encarregada de acompanhá-lo desde a chegada, para dar o ponta pé inicial naquela partida, trajando a camisa do alvinegro. Depois de uma reunião familiar, com ele, deliberam não aceitar, achando inconveniente e exagerada a superexposição. Mas não deixam de agradecer. Ficará para outra ocasião.

88

Lia interrompe, intervindo correndo, a mensagem da secretária eletrônica que acompanhava quietinha, ao ver anunciar-se ninguém mais, ninguém menos do que Alceu Valença. Do Recife ele a está chamando e mostra-se, primeiro, contentíssimo por tê-la encontrado. Depois lhe participa a infinita emoção de que se viu tomado quando a ouviu declarar na televisão — e até cantarolar — que sua música *Anunciação*, em parceria com o Rubens Valença, passara a ser o hino dela e do filho — este imaginariamente —, pois parecia mesmo escrita para ambos e lhe dera coragem para continuar a esperá-lo e, mais ainda: certeza de que o encontraria um dia, como encontrou.

Nas horas de maior depressão, colocava o CD a rodar e repetia, repetia, repetia a linda música e não menos bela letra — poesia pura.

Há muita sinceridade nas afirmações de Alceu disso ter-lhe tocado fundo. Quer encontrá-la e aos marido e filho. Enfim, a família toda. Ficam esperando a primeira oportunidade, quando estiverem mais próximos.

Esta História do Pedrinho, com tais coincidências, é tão fantástica que pode parecer produto de mentes por demais criativas, exageradas, fora da realidade, como oriunda de escritores ou autores de novelas brasileiras, dramalhões mexicanos ou *soap operas* norte-americanas.

Já disse que a Seqüestradora, agora muito suspeita de ser mesmo Vilma, não mediu as conseqüências de seus premeditados e temerariamente consumados atos de tirar a criança dos pais e depois registrá-la ou fazer com que a registrassem como sua. Ninguém observou ainda o que comento agora, e alerto aos praticantes — mesmo sem seqüestro —, da adoção à brasileira: constando ser filho de outras pessoas, Pedrinho poderia, se não descobertos os crimes, até cometer e fazer com que outra cometesse, involuntariamente, incesto.

Não é preciso ser uma saudosa Jeanete Clair, que tanto divertiu o público brasileiro e internacional, com suas aparentemente exageradas fantasias, para aproximar, num romance nem muito complicado, mais ainda morando relativamente próximos, o Pedrinho, então só Júnior, e sua não sabida irmã biológica solteira, e acabarem por se apaixonar e até casarem. Com a documentação deles, nenhum impedimento legal para isso. E olha aí outra tragédia, como a de Édipo, deletéria até para a eugenia, no caso de filhos. De se arrancarem os próprios olhos!

Aceitando algumas pessoas, até bem-intencionadas — dou de barato —, registrarem como filhos legítimos crianças na verdade adotadas, rebentos pois, de outros, para evitar a burocracia usual, na já chamada *adoção à brasileira*, correm esse risco de possibilitarem o que é expressamente proibido por leis civis mundiais e divinas e todas religiões, desaconselhável até em animais, do cruzamento carnal entre irmãos. Vedação que existe, por instinto, mesmo nos selvagens menos civilizados da jângal. Crime ou pecado. Ou os dois.

89

Liga-se uma televisão, a qualquer hora do dia, desde cedo, ou da madrugada, até amanhecer, vai-se a um cinema para se ver fita estrangeira ou nacional — olha aí *Cidade de Deus!* —, por exemplo, e podem-se apostar os olhos da cara que serão, infalivelmente, vistos tiros com armas dos mais avantajados e sofisticados estilos, inclusive canhões e lança-mísseis, facadas, espadadas, estiletadas, bombas de napalm, cortes a cacos de garrafa, à gilete, degolamentos, decapitações, oceanos de sangue, enfim.

No Caso Pedrinho, com tanta tragédia, com longos anos de angústia, mal-estar, desespero, frustrações, fracassos, até a morte da avó dele, mas de infarto exterminador, à moda de corisco, nem uma, NENHUMA só gota de sangue foi derramada. E no entanto, que história! Quantas conseqüências! quanto fel! quantas suspeitas! quantos estratagemas! quanta dor! Quanta falta de compaixão! Num delito não de sangue, mas crime da assustadora inteligência de um impiedoso ser aparentemente humano.

De forma diferente também — completamente diferente —, uma das principais vítimas, pivô azeitado em torno do qual girou a roleta da vida, o próprio Pedrinho, por não ter sido atormentado por alguma grande dúvida, foi, como já bem apurado e demonstrado, feliz.

Só sendo preciso não relegar para um canto o direito de felicidade, mais puro e original ainda, daquela que com ele tem relação de sangue e de genes, da mais do que passada a ferro e fogo mãe biológica e de seu marido, caráter e honrados princípios geneticamente transmitidos ao filho, igualmente carregador esse pai de enorme e pesado madeiro.

Liberando-se aos poucos, do caminhão de pedra britada que lhe foi despejado em cima, Pedrinho haverá de encontrar uma forma de conviver com as duas mães. Já se dá bem com o Jayro.

Na hora em que recebeu a confirmação, pelo resultado do exame do DNA, de não ser filho nem do pai, nem da mãe, de quem — pela vida inteira — pensava ser, chorou ressentido, oculto num canto. Pobre moço! De uma hora para outra, desabou tudo aquilo em que ele acreditava. Outra conseqüência do revoltante crime de seqüestro e de falso.

Embora, em princípio, seja o prenome imutável, e no seu único registro de nascimento válido, conste Pedro, escolhido por Lia por representar força de pedra, de que já sabia carecer quando do seu parto, seguinte de outro não exitoso, especialistas em Direito de Família, juízes e tribunais mais modernos, em certas circunstâncias vêm aceitando retificação, inclusive com acréscimo de mais um prenome.

Pedrinho poderá juntar o nome já tão público em Goiânia, Itaguari e alhures, do conhecimento de seus circunstantes, do qual tanto gosta, ao de Pedro. Ficará até bonito. Nada é impossível para a felicidade de todos. Mas também, realisticamente observado, nada é muito fácil. Viver é lutar. Por vezes à moda de Homero, como nos narra esta história. Uma grande esperança leva à vitória.

Há um ano, por exemplo, seria mais fácil na velha comparação, achar uma agulha num palheiro — e que palheiro! — do que se encontrar o Pedrinho.

Mas até o *Titanic* se encontrou, submerso no fundo de um oceano, depois de tantos anos.

Porém, sem contestação: foi um milagre! Aleluia!

90

Bem antes do Natal deste 2002, começa a luta para ser decidido com quem Pedrinho o passará. Mais uma vez, grandezas e misérias terçam lanças. Tretas e pinimbas de quem é mestra nisso. Já se viu.

Uma semana antes, os pais verdadeiros conseguem receber o filho em Brasília, por um dia e, em cautelosa antecipação, já lhe entregam moderna bicicleta, por ele próprio escolhida, de presente de Papai Noel.

São feitos longos regateios, telefonemas pra lá e pra cá, pechinchas e barganhas, como se estivesse sendo negociada uma coisa, um objeto e não um respeitável ser humano. Finaliza-se o acordo — arre! —: Pedrinho passará em Goiânia, com Vilma e o resto de sua família de criação, a sacrossanta noite da véspera do Natal e, no dia seguinte, 25, irá participar de um almoção natalino com a genuína família e, na mesma tarde, partem para o litoral do Nordeste, em longa e demorada jornada. Assim comemorarão o Ano-Novo juntos e também o aniversário de Jayro, nos primeiros dias de janeiro.

É alugado um ônibus, de tamanho médio, com vinte e uma confortáveis poltronas e bom espaço para a gorda bagagem. Além da família Tapajós completa, outros parentes, mais distantes, também convidados.

Na hora da saída do ônibus, todos os vizinhos daquela rua sem saída, solidários amigos das horas mais amarujadas, ficam nas calçadas, para dizer adeus e boa viagem. Estão todos exultantes com a desesperadamente buscada reunião da família, neste dia tão feliz. Só que hoje não soltam foguetes. Combinaram uma surpresa. Enquanto o veículo vai se arrastando lentamente da Casa 13, uma das últimas lá do fim da rua, ao passar diante de cada outra residência os moradores começam a martelar em panelas, numa bateria ritmada, primeiro uma, uma, uma pancada, depois, duas, duas, duas, a seguir, três, três, três e então quatro, quatro, quatro e cinco, cinco, cinco, para, finalmente, já quase na esquina, todos batendo juntos, em pancadaria louca e cada vez mais forte, como numa ensaiada e já ensurdecedora bateria de escola de samba. Haja mãos para darem adeus! E gargantas para engolidas em seco! Feliz Natal! Feliz Natal!

Até passar pela Granja do Torto, já ingressando na Rodovia Brasília—Fortaleza, Lia vai observando algumas crianças às ruas, estreando seus brinquedos ganhos. Está contente, mas sempre com aquele contínuo travo de funda amargura, principalmente quando um garotinho, ainda cambaleando no aprendizado de andar, puxa por um cordel o cavalinho de rodinhas. Ela não viu e nunca verá o filho fazer isso. Outro, já mais crescidinho, entra na miniatura de automóvel e toca a buzina sem dó nem piedade. Também nele enxerga o Pedrinho passado. E aquele lá no balanço? — Cinco, seis anos?

E o upa-lalão que o porqueirinha do pequerrucho — tiquinho de gente — vestido como um poderoso super-herói, dá na mãe, agarrando-lhe a pele do pescoço e abraçando-a, abraçando-a?

— Ah, reflete Lia, elas não sabem quanto vale isso e em que felicidade vivem. Não sabem, nem avaliam. E como será passageiro esse bom tempo que até nem todas têm. É tão necessário valorizá-lo mais. Tanto, tanto. Distraídas mãezinhas. Não, elas nem imaginam...

91

Como fica mesmo à margem daquela BR 020, vão dar uma passada por Sobradinho, romântica cidade-satélite, uma das mais limpas e bonitas do Distrito Federal, para pegar a família de uma irmã de Lia, ali moradora, já esperando à porta da casa, pra não perder tempo.

E nas ruas, mais cheias de gente ainda, classe média, aquelas fieiras de filhos, de novo a melancólica mãe raciocina ter havido em cada lar, por mais modesto, de toda a população dali, na noite passada, uma comemoração, uma unidade só em toda e cada família, com os presentinhos penosamente comprados em crediários, mas com que gosto. Comidas tão caprichadas nas ceias — ou consoadas, pois a maioria é de nordestinos —, bebidas diversas, vai ver que até champanhe, ainda que não importado, baratinho...

A troca de afagos e de lembranças, de votos, cromos em tecnicolor, de beijos e mais beijos. Risos. Muita alegria.

Contudo, por que com ela teve de ser diferente? E ainda continuar um pouco diferente? — Pouco?!

Até reencontrar, abraçar e beijar o Pedrinho, o Sol, aquele mesmo ali a flamejar e gerar vida, por 6.136 vezes se levantou. E por 6.136 vezes se pôs. E ela, protomártir, chorando ao longo de milhares de auroras e crepúsculos, sem o filho surrupiado com tanta perfídia. Sem a menor notícia. Na vida, uma passagem de tal angustura é, sem dúvida, pior, bastante pior, do que a certeza da morte do ente querido. Por onde andaria? sofreria muito? ou estaria bem? E que tal 15 celebrações de Natal, com sua pesada, imensa e insolúvel ausência? E nesta 16ª, a compensação cortada pelo meio. Mas não faz mal — tenta consolar-se —, há de melhorar. Um milagre já se produziu.

Aquele restante de viageiros, depois das saudações, abraços, beijinhos e ainda mais votos de Feliz Natal, preenche os lugares vagos. Todos. Todos menos um. Exatamente o de número 21, lá na cozinha, de frente para o corredor, sem ninguém. Mas pensam que está verdadeiramente vazio?!

Que nada! Só um tiquinho de atenção: mirem com os olhos do espírito. Como é que estavam se olvidando dela? Não, não se esqueçam dela, não a deixem para trás. — Não me larguem! — Ela é muito querida e a todos quer muito também. Uma das mais sofredoras nesta saga terrível e bárbara. Pois a idosa e singela senhora veio também. Passou pó-de-arroz, vestiu o *tailleur* preto, calçou sapatos baixinhos, da mesma cor, recém-engraxados, entrou sozinha, ali se aboletou — não reparem no filó — e está gostosamente admirando e acarinhando e beijando à distância o netinho tão ansiado, lá na frente, um rapagão agora. É a Vovó Otalina. A também enganada Vó Otalina, completando a família. Que saudade, Vovozinha! Quanta saudade! — Sua bênção, Mamãe e Vovó.

Lia sente um remorso. Dirige a vista para o filho, quer falar-lhe. Faz isso por telepatia, como em suas cartas e bilhetes:

— Me perdoa, me perdoa, meu filho, meu filhinho, por eu ter falhado e deixado que o tirassem de nós. Perdão, mil vezes perdão.

O motorista fica de pé, olha e confere os passageiros, pergunta se estão todos prontos e toma seu posto, assentando-se, manoplas agarradas ao volante. Dá partida. Pergunta em vozeirão de leiloeiro:

— Querem ouvir um pouco de rádio?

Uníssona é a resposta positiva. Inunda então o coletivo, pelos seus diversos alto-falantes, em variados pontos, uma empostada voz feminina:

— Sintonizam em 89,9 megahertz a Brasília Super Rádio FM. Prosseguindo nosso programa de Música Popular Brasileira, ouviremos, de Alceu Valença, *Anunciação*.

Ao escutar os primeiros acordes da música, Lia fica congelada na sua poltrona. Toda arrepiada. Com muitos calafrios na alma e no coração. Sem fala. Mas, olhando pra Pedrinho, só faz sorrir, encantada ao toque da varinha de condão, feliz, feliz...

A voz do anjo sussurrou no meu ouvido
E eu não duvido, já escuto os teus sinais
Que tu virias numa manhã de domingo
Eu te anuncio nos sinos das catedrais.

Este livro foi composto na tipologia *Stone
Serif*, em corpo 10/15, e impresso em papel
Offset 90g/m² no Sistema Cameron da
Divisão Gráfica da Distribuidora Record.

Seja um Leitor Preferencial Record
e receba informações sobre nossos lançamentos.
Escreva para
RP Record
Caixa Postal 23.052
Rio de Janeiro, RJ – CEP 20922-970
dando seu nome e endereço
e tenha acesso a nossas ofertas especiais.

Válido somente no Brasil.

Ou visite a nossa *home page*:
http://www.record.com.br